C. H. SPURGEON

Ich bin der Herr dein Arzt

Worte des Trostes für Kranke, Betrübte und Notleidende

R. Brockhaus Verlag Wuppertal

R. Brockhaus Taschenbuch Bd. 222

Lizenzausgabe mit freundlicher Genehmigung des
Calwer Verlages
Unveränderter Nachdruck der 1962 von
A. Stiefenhofer neu durchgesehenen Auflage

11. Taschenbuchauflage 1985
65.–69. Tausend

Umschlagfoto: P. Fera-ZEFA
Gesamtherstellung: Breklumer Druckerei Manfred Siegel

ISBN 3-417-20222-1

INHALT

I. IN ALLERLEI ÄUSSERER UND INNERER NOT

Die Wahl des Kreuzes

Dreierlei lege ich dir vor; erwähle dir der eines, daß ich es tue. 2. Sam. 24, 12

Alle Kinder Gottes werden gezüchtigt; aber nur selten dürfen sie wie David die Rute wählen, aus einer Anzahl von Trübsalen die leichteste aussuchen. Gewöhnlich erscheint uns gerade das Kreuz, das uns auferlegt ist, als das schwerste. „Ich weiß wohl", heißt es, „daß wir Trübsal haben müssen, aber mein gegenwärtiges Leiden ist das schwerste, das mich treffen konnte. Jedes andere Kreuz trüge ich leichter." Der eine sagt: „Oh, körperliche Schmerzen wollte ich gerne ertragen." Der andere meint: „Oh, arm wollte ich gerne sein, wenn ich nur gesund wäre!" Der dritte erklärt: „Schmach und Verfolgung von den Gottlosen wollte ich mir gerne gefallen lassen, aber die Armut ist doch zu schwer zu tragen." Und so weiter. Der Herr aber hat alles für jeden geordnet. Wir sind nicht die Herren, sondern die Knechte in seinem Hause und haben nur zu gehorchen.

Aber denke dir einmal, du dürftest wählen! Du würdest dann die Wahrheit des Sprichwortes erfahren: „Wer die Wahl hat, hat die Qual." Wählst du Krankheit des Leibes? Sag nicht so schnell: „Ja!" Ich weiß, was Krankheit ist, und kann sie durchaus nicht rühmen. Also Armut? Mancher weiß ein Lied von ihr zu singen, und zwar kein frohes. Es ist ganz gewiß kein Vergnügen, abends nicht zu wissen, woher am folgenden Morgen das Geld für Nahrung und Kleider kommen soll, und von den Gaben der Wohltätigkeit abhängig zu sein. Oder wählst du Schmach und Verleumdung? Die können auch einem starken Mann das Herz brechen. Oder soll es etwa der Verlust deiner Lieben sein? Möchtest du wirklich, daß der Gefährte oder die Gefährtin deines Lebens dir genommen, daß dir ein Kindlein vom Herzen gerissen werde?

Wenn du so die Wahl unter den Kreuzen hättest, ginge es dir wohl wie den Eltern, die aufgefordert wurden, eines ihrer zehn Kinder einem andern zu überlassen. Das erste konnten sie nicht hergeben, denn es war der Stammhalter; das zweite nicht, weil es ein sehr zartes Mägdlein war; das dritte war seiner Mutter Ebenbild und das vierte war ganz besonders lieb. Und so ging es fort bis zum Nesthäkchen, das noch an der Brust seiner Mutter lag und das man ihr natürlich gar nicht nehmen konnte. So hätten wir auch gegen jedes Kreuz einen besonderen Grund, und die Wahl des Kreuzes wäre allein schon ein schweres Kreuz.

Dazu würden wir uns wahrscheinlich ein schlimmeres Kreuz wählen als das, was wir schon tragen müssen. Unser erstes Gefühl wäre: Wir müssen unser bisheriges Kreuz los werden; es ist uns gründlich entleidet und wir meinen, jede Veränderung werde auch eine Verbesserung sein. Wir sehen, wie unser Freund unter seinem Kreuz so fröhlich ist, und wünschen uns an seine Stelle. Aber glaube mir: Gott hat die Last deinem Rücken und deinen Rücken der Last angepaßt, und ein Vertauschen der Last wäre für dich und deinen Freund nur ein Nachteil.

Außerdem soll das Kreuz eine Züchtigung und ein Heilmittel sein. Wenn du dir aber selbst das Leiden wählst, so geht gerade diese Wirkung, die es doch haben soll, verloren. Ich habe gehört, daß die Nonnen eines gewissen Ordens jede Nacht in ihrem Sarg schlafen, der in fast aufrechter Stellung an die Wand gelehnt ist. Die Gewohnheit macht das Schlafen in solcher Stellung bald erträglich, wahrscheinlich sogar angenehm, und die Abtötung des Fleisches ist mehr scheinbar als wirklich. In einem Kloster bei Brüssel habe ich die Peitschen gesehen, mit denen die Menschen sich geißeln. Ich hoffe, diese Übung mache ihnen Vergnügen und sie gebrauchen die Peitsche kräftig. Eine selbstauferlegte Geißelung ist nur ein Scheinleiden; ein selbsterwählter Schmerz ist überhaupt kein ernsthafter Schmerz. Er kann uns schließlich sogar lieb werden. Wenn ich aus eigenem Willen leide, so hat das Leiden nicht die Wirkung, daß es den Eigenwillen bricht und den Stolz demütigt; aber wenn ich nach des Herrn Willen täglich Schmerz, Armut oder Verlassenheit ertrage, wenn ich den Kelch des Leidens trinke und spreche: „Dein Wille geschehe!" (Matth. 26, 42; Apg. 21, 14), dann ehre ich Gott und habe einen Segen von meinem Leiden.

Bedenke auch die Verantwortung, die du dir auflüdest, wenn du dein Kreuz selber wähltest, und welche Vorwürfe du dir machen würdest, wenn du dir sagen müßtest: „Wie schlecht habe ich gewählt! Aber ich habe es ja selbst getan und muß jetzt liegen, wie ich mich gebettet habe."

So ist es am allerbesten, wenn Gott uns das Leiden bestimmt und wenn wir es, wie es kommt, als den Willen Gottes annehmen und uns durch den Beistand seiner Gnade vor dem Sturm beugen. Der Blick auf die Hand unseres Vaters gibt uns mitten im Sturm Trost, und der Ton seiner Stimme, die das Ungewitter übertönt: „Fürchte dich nicht, ich bin's!" (Matth. 14, 27) hält uns aufrecht.

Wenn der Herr den Kelch der Trübsal wählt und ihn uns zu trinken gibt, so trinken wir ihn im Frieden.

Wenn wir das Leben dahingegangener Christen betrachten, so staunen wir oft, wie eine bestimmte Trübsal für einen bestimmten Menschen das Richtige war. Aus einem Leiden, das Melanchthon das Herz gebrochen hätte, ist Luther nur um so größer und stärker hervorgegangen. Wir sehen jetzt ganz gut ein, wie einem Bunyan seine Gefangenschaft, einem Milton seine Blindheit, einem Baxter seine Kränklichkeit zum Heil diente. Wenn wir in den Himmel kommen, wird es wohl eine unserer Aufgaben sein, zu erkennen, wie weise der Herr uns nicht nur unsere Nahrung, sondern auch unsere Arzneien zugeteilt hat. Aber auch schon hier unten, wenn wir älter werden, können wir zurückblicken und mitten im Nebel und der Dunkelheit der Unwissenheit den Herrn für das Feuer des Schmelzofens preisen. Das Kreuz, der bittere Baum, hat Knospen und Blüten bekommen. Ja, gerade das Kreuz, das wir am meisten fürchteten, ist uns zum größten Segen geworden. Fortan, wenn Trübsal kommt, wollen wir sie annehmen und willkommen heißen, wollen uns der Liebe, die sie uns schickt, der Gnade, die in ihr zu uns kommt, und des Wachstums, das sie uns ermöglicht, freuen und niemals die Dinge anders wünschen, als der Herr sie uns bestimmt. Wir wollen nicht mehr wünschen, selbst wählen zu können; sollte uns aber je eine Wahl gelassen sein, so wollen wir mit David sagen: „Laß uns in die Hand des Herrn fallen!" (2. Sam. 24, 14). Wir sind geborgen, wenn wir uns ganz dem Herrn überlassen.

Selig sind, die da Leid tragen, denn sie sollen getröstet werden. Matth. 5, 4

Durch das Tal der Tränen kommen wir nach Zion. Man sollte eigentlich denken, Trauern und Seligsein seien Gegensätze, aber der unendlich weise Herr zeigt uns in dieser Seligpreisung, daß beides zusammengehört. Was er zusammengefügt hat, soll der Mensch nicht scheiden. Das Leidtragen um die Sünde — um unsere eigene und um die anderer — ist das Siegel, das der Herr seinem Getreuen aufgedrückt hat. Wenn der Geist der Gnade über das Haus Davids oder sonst ein Haus ausgegossen wird, dann tragen die Glieder dieses Hauses Leid. Durch heiliges Leidtragen empfangen wir die beste Seligkeit. Und die Leid tragen, werden nicht nur künftig selig sein; nein, Christus verleiht ihnen die Seligkeit schon jetzt.

Der Heilige Geist tröstet die Herzen, die über die Sünde Leid tragen, gewiß. Sie werden getröstet durch die Versöhnung des Blutes Jesu Christi und durch die reinigende Macht des Heiligen Geistes. Sie werden getröstet auch über die Sünden der sie umgebenden Welt und über die Sünden ihrer Zeit durch die Gewißheit, daß Gott gepriesen werden muß, auch wenn die Menschen sich noch so sehr gegen ihn empören. Sie werden getröstet durch die gewisse Hoffnung, daß sie bald ganz von der Sünde frei werden und für ewig in der Herrlichkeit vor ihrem Herrn leben dürfen.

Tränen

Die Tränen der Betrübnis sind oft notwendig, um das Auge des Glaubens hell zu erhalten.

In des Herrn Hand

Wir sind in des Herrn Hand so völlig, wie der Lehm in der Hand des Töpfers. Es ist gut, wenn Leidende das wissen und wenn einer, der zu ihrer Bruderschaft gehört, ihnen seine Erfahrungen in dieser Beziehung mitteilt. Solange wir gesund und stark sind, halten wir uns für unabhängig; wenn aber die Hand des Herrn sich schwer auf uns legt, werden wir demütig und bekennen, daß wir nur durch die Gnade Gottes überhaupt noch leben.

Wir sind in Gottes Hand, wenn wir leiden. Wenn er uns züchtigen will, so können wir seiner Rute nicht entfliehen. Er kann auch die Unempfindlichsten erschüttern und die Widerspenstigsten auf die Knie bringen. Er kann nicht nur dem Leib weh tun, sondern das Schwert auch in die Seele dringen lassen.

Du kannst deinen Mund gegen einen bitteren Trank verschließen, aber nicht dein Herz gegen ein bitteres Leid. Niedergeschlagenheit und Verzagtheit können überall eindringen, kein Gemüt ist davor sicher.

Wie Maulwürfe in der Erde wühlen Schmerzen und Leiden in unserem Körper und Geist. Sei der Körper noch so stark, die Gesundheit scheinbar unerschütterlich: im nächsten Augenblick können wir am Boden liegen, und der starke Mann ist hilflos wie ein Kind.

Körperliche Schmerzen lassen sich oft, wenn nicht abwenden, so doch lindern; aber es gibt tiefere Leiden, die durch Besinnen und Nachdenken nicht verjagt und durch Beweisgründe ihres Stachels nicht beraubt werden können. Nach dem Willen des Herrn neigen sich die Dinge, die unser Glück ausmachen, wie der Schilf, wenn ein Sturm darüber geht. Und auch uns selbst geht es so. Wer kann den Kopf aufrecht tragen, wenn das Gemüt verwundet ist? Wer kann im Kampf des Lebens, wenn die Pfeile hageldicht fliegen, darauf rechnen, unverwundet zu bleiben?

Die, die fröhlichen Herzens und in der Fülle geistiger und körperlicher Kraft sind, täten wohl daran, teilnehmend auf die zu sehen, die ein schweres Gemüt haben; denn auch die Fröhlichen können unversehens darniederliegen. Ich habe erlebt, wie ein starker, lebensfroher Mann Betrübte verachtete; bald aber hat derselbe Mann geweint und sich nach Trost umgesehen — was er zuvor weibische Schwäche genannt hätte.

So bist du, o Kind Gottes, sowohl was äußere als was innere Leiden anbelangt, in Gottes Hand. Wo anders möchtest du denn sein? Viel besser, du ergibst dich rückhaltlos in die Hand Gottes, als du bleibst unbeschränkt deinen eigenen Wünschen überlassen. Viel besser, es geht, wie Gott will, als wie wir wollen. „Er tue, was ihm wohlgefällt" (1. Sam. 3, 18). Wir wollen doch dem himmlischen Vater nicht vorschreiben, was er mit uns tun soll. Möge er über unser ganzes Wesen jederzeit die volle Herrschaft haben! Die Ecke unseres Wesens, aus der wir Gott ausschlössen, würde gewiß eine Brutstätte des Übels.

Wie der tapfere und geduldige Mensch dem Messer des Arztes stillhält und sich bemüht, weder zu stöhnen noch zu zucken, so legt der Christ sich in getrostem Glauben in die Hand Gottes und betet, daß sein eigener Wille sich nicht anders aussprechen möge, als indem er Amen sagt zum Willen Gottes. Hast du diese Kunst gelernt, mein Freund? Ich buchstabiere immer daran, aber manchmal ist es mir, als verlernte ich ebenso schnell wieder, wie ich lernte. Es kommt Prüfung auf Prüfung, und ich frage mich manchmal, warum es immer so fortgeht. Wahrscheinlich eben, damit ich die Kunst recht gründlich lerne; jedenfalls aber kommt nicht mehr Leiden als gut ist. Denn der mir den Trank reicht, zählt jeden Tropfen.

O wie gut, daß in dem allem mein Gott und Vater ist! Wie hätte ich ohne seine Führung den steilen Weg erklimmen können? Wenn wir recht geistlich wären, so erkennten wir unseres Vaters Hand schon an der Berührung, und im Gefühl seiner Nähe wären wir so ruhig und friedlich wie Vöglein unter dem mütterlichen Flügel. Es ist herrlich, Gott zu eigen zu haben. Er, der alles erfüllt, überdenkt die Sache seines armen Kindes, ebenso wie er die ewigen Gesetze erdacht und den Grund der Erde gelegt hat.

Und vergessen wir nicht: *Wenn wir in der Hand des Herrn sind, wenn sie uns die Leiden schickt, so empfangen wir aus ihr auch Trost und Errettung.* Er kann den Sommer in einen kalten, trüben Wintertag verwandeln, ebenso schnell kann er die Wolken verjagen und die Sonne wieder scheinen lassen. Er kann uns durch ein Wort zu Boden schlagen, aber ebenso schnell auch wieder aufrichten. Wenn nach dem Regen neue Wolken kommen, wenn ein Ungewitter dem anderen folgt, so

wissen wir uns in der Hand des Allmächtigen, und niemand kann die Sonne verhindern zu scheinen, wenn Er will, daß sie uns wieder erfreut. „Er zerreißt und heilt, er schlägt und verbindet" (Hosea 6, 1). Wir hören seinen Donner, liegen zerbrochen von seinen Blitzen und fühlen im Innersten seine Größe erschüttert; aber wenn er uns wieder durch sein Sonnenlicht erfreut, so heben wir unsere Häupter empor und schauen in einem milderen und klareren Licht, wie groß derselbe Herr in seiner Gnade ist.
Herr, ich habe durch Tränen aufgeblickt und dich angebetet mit dem Bekenntnis, daß du alles bist und ich nichts. Jetzt, da die Tränen weggewischt sind, blicke ich wieder auf, preise dich und, ehe neue Tränen kommen, freue ich mich auf künftigen Segen.

Ein Tropfen Honig

In jedem Kelch der Trübsal, den Gott den Menschen reicht, ist ein Tropfen Honig; aber man schmeckt ihn oft erst, wenn man den Kelch bis auf den Grund geleert hat.

Unter dem Kreuz

Ihr armen, betrübten, trauernden Seelen, möchtet ihr Freude in euren Herzen haben? Kommt, ich will euch nach Golgatha führen! Lahmende Schritte, mutlose Herzen werden unter dem Kreuz geheilt. Bist du oft niedergeschlagen und verzagt? Ich will dir eine Arznei verschreiben, die dich sicher heilt. Fühlst du dich elend und unglücklich, so geh in dein Kämmerlein und denke auf deinen Knien an den, der in Gethsemane gezagt hat, und du wirst sagen: „Was ist all mein Leiden im Vergleich mit dem seinen?"

Tue das! Denke an Golgatha und an das Blut, das dort geflossen ist, damit „wir Frieden hätten"! (Jes. 53, 5).

Das Kreuz ist eine unfehlbare Arznei gegen das Versinken im Unglück; das Kreuz Christi kann dich glücklich machen. Die Christus am besten kennen, sind die Glücklichsten.

Das Vermächtnis des Herrn

Daß du Trübsal hast, gerade das ist ein Beweis der Treue deines Herrn. Du hast jetzt die eine Hälfte seines Vermächtnisses und du bekommst die andere gewiß auch. „In der Welt habt ihr Angst", das erlebst du jetzt. „In mir habt ihr Frieden", das erlebst du auch. „Seid getrost, ich habe die Welt überwunden!" (Joh. 16, 33) — auch das ist dein.

Wirf dein Anliegen auf den Herrn! Er wird dich versorgen und wird den Gerechten nicht ewiglich in Unruhe lassen. Psalm 55, 23

Die Last ist schwer, wälze sie auf den Allmächtigen! Jetzt ist es *deine* Last und sie drückt dich zu Boden; aber dem Herrn ist's ein leichtes, sie auf sich zu nehmen. Du mußt sie wohl noch tragen, aber er trägt dich mit ihr. So liegt die Last auf dir und doch nicht auf dir. Du wirst so getragen, daß sie dir zum Segen wird.

Die größte Gefahr ist, daß die Trübsal uns vom Pfad des Gehorsams ablenkt. Wenn wir vor ihm gerecht sind, so leidet er nicht, daß die Trübsal uns vom Weg abbringe. In Jesus nimmt Gott uns als gerecht an und in Jesus bewahrt er uns im Gehorsam. — Und wie ist's im *gegenwärtigen* Augenblick? Gehst du den Prüfungen des heutigen Tages allein entgegen? Sollen deine Schultern durch die schwere Bürde wieder wundgerieben werden? Sei doch nicht so töricht! Überlaß dem Herrn auch heute dein ganzes Leid! Wirf die Last nicht ab, nur um sie danach wieder aufzunehmen, sondern laß sie dem Herrn! Dann wirst du frei einherschreiten, ein fröhlicher Christ, und das Lob deines großen Lastenträgers singen.

Bei Mattigkeit und Kraftlosigkeit

Manchmal kommt eine Mattigkeit und Kraftlosigkeit über uns, wenn wir eine lange Schmerzenszeit oder sonst eine schwere Trübsal auf uns zukommen sehen. Der bittere Schmerz hat dich noch nicht getroffen, aber du weißt, daß er kommen wird, und du schauderst in der Erwartung. Man sagt, man leide den Tod tausendmal damit, daß man ihn fürchtet. Ebenso empfinden wir tausendfach die Trübsal, vor der wir uns fürchten. Ich gestehe, daß ich bei der Aussicht auf körperliche Schmer=

zen eine innere Ohnmacht, ein lähmendes Herzweh empfinde. Es ist nichts Ungewöhnliches, wenn deine Seele beim Blick auf Schwierigkeiten und Leiden, die dir bevorstehen, matt wird.

Manchmal werden auch wahre Christen unter dem Druck *gegenwärtigen* Leidens matt und schwach. Das Herz wehrt sich dagegen, aber es wird schwach, wenn der Druck Monat für Monat ununterbrochen fortgeht. „Steter Tropfen höhlt den Stein." Wenn es einen Tag lang auf dich tröpfelt, wirst du nässer, als wenn du vorübergehend durch einen Platzregen mußt. Du kannst nicht an einem fort krank oder arm oder verlassen oder von übler Nachrede verfolgt sein, ohne daß du versucht bist, zu sagen: „Mein Herz ist müde und matt; wann wird endlich der Tag kommen und das Dunkel der Nacht weichen?" Auch Gottes liebste Kinder können unter lang anhaltendem Druck des Leidens schwach werden.

Dann denke an den Herrn! Gedenke, wie barmherzig und mitleidig er ist; wie er nie zu heftig schlägt und wie er nie vergißt, dich zu trösten und aufrecht zu halten! Denke an seine Macht! Du selbst kannst dir nicht aus der Not helfen, aber er kann es. Für ihn gibt es keine unüberwindlichen Schwierigkeiten; und wenn du in deiner Unwissenheit in eine peinliche Lage geraten bist, so wende dich an die unfehlbare Weisheit Gottes, die dir heraushelfen kann!

Denke an seine Verheißungen! „Ich will dich nicht verlassen noch versäumen" (Hebr. 13, 5). „Laß dir an meiner Gnade genügen, denn meine Kraft ist in den Schwachen mächtig" (2. Kor. 12, 9). Wenn deine Seele matt ist, so halte dich an die Verheißung Gottes, sprich: „Tue, wie du geredet hast!" — und dein Geist wird wieder aufleben.

Denke auch an den Bund, den Gott mit dir gemacht hat! „Es sollen wohl Berge weichen und Hügel hinfallen, aber meine Gnade soll nicht von dir weichen und der Bund meines Friedens soll nicht hinfallen, spricht der Herr, dein Erbarmer" (Jes. 54, 10).

Bedenke auch, was der Herr dir bisher schon gewesen ist! Gewiß, wir dürfen nicht an ihm zweifeln, denn er hat uns nie Anlaß dazu gegeben. Er hat dir schon durch schwerere Trübsale geholfen als die sind, unter deren Last du jetzt seufzest. Er hat in schwereren Proben als den gegenwärtigen seine Treue, Macht und Güte dich erfahren lassen. Durch so viel Jahre haben sie sich an dir bewährt, warum Gott jetzt nicht trauen? Ist dein Gott dir durch fünfzig, sechzig, ja vielleicht durch siebzig Jahre treu gewesen, kannst du ihm nicht noch eine kurze Zeit trauen? Nicht noch die paar Monate, die du vielleicht noch durch die Wüste wandern mußt? Gedenke der alten Tage, seines liebevollen Herzens, seines starken Armes, mit dem er dich aus tiefen Wassern gezogen und deine Füße auf einen Fels gestellt hat! Er ist noch derselbe Gott; darum, wenn dein Herz in dir verzagt, so gedenke des Herrn und du wirst getröstet werden!

Sei getrost!

Des andern Tags aber in der Nacht stand der Herr bei ihm und sprach: Sei getrost, Paulus! Apg. 23, 11

Es war ein Trost für Paulus, daß der Herr bei ihm stand und seinen Aufenthaltsort und seine Lage kannte. Einmal besuchte ein Quäker John Bunyan im Gefängnis und sagte: „Freund, der Herr hat mich zu dir geschickt und ich habe dich in der Hälfte der englischen Gefängnisse gesucht." — „Nein", antwortete John, „das ist unmöglich. Wenn der Herr dich geschickt hätte, hättest du mich sogleich gefunden; denn er weiß, daß ich seit Jahren in diesem Gefängnis bin." Gott hat keinen einzigen seiner Edelsteine verlegt oder vergessen. „Du, Gott, siehest mich" — dies Wort ist ein großer Trost für den, dessen Freude der Herr ist. Seine Diener sind in gar verschiedene Gefängnisse der Trübsal eingeschlossen. Vielleicht liegst du im Gefängnis des Schmerzes, durch ein Unglück oder eine Krankheit ans Lager gebunden; oder du bist in der engen Zelle der Armut, oder im Kerker gemütlichen Druckes. Aber der Herr weiß, in welchem Gefängnis sein Diener liegt, und läßt ihn nicht vergessen dahinschmachten „wie einen Toten, dessen man nicht mehr gedenkt" (Ps. 31, 13).

Der Herr stand bei Paulus trotz Türen und Schlössern; er bedurfte, um einzutreten, nicht der Erlaubnis eines Wärters, er brauchte keinen Riegel wegzuschieben — da war er, der Genosse seines demütigen Dieners. Der Herr kann die Seinen besuchen, auch wenn man sonst nie=

mand zu ihnen läßt, sei es wegen der Ansteckung oder aus Schonung für den Kranken. Wenn wir in eine Lage kommen, in die kein Freund sich ganz hineindenken kann, weil keiner in derselben Weise versucht worden ist — Jesus versteht unsere besondere Prüfung und nimmt an unserem besonderen Leid teil. Denn er ist in allen Dingen versucht worden wie wir (Hebr. 4, 15).

Und was noch mehr ist: *Jesus kennt unsere Verhältnisse besser als wir selbst und errettet uns aus unbekannten Gefahren.* Paulus wußte nicht, in welcher Gefahr er sich befand; er wußte nicht, daß vierzig Juden sich verschworen hatten, ihn zu töten (Apg. 23, 12 ff.). Aber der, der sein Schild und sein sehr großer Lohn war, hörte den grausamen Schwur und fügte es so, daß der Anschlag der Blutdürstigen vereitelt wurde. Der Herr kennt die Trübsal, noch ehe sie uns trifft, und kommt ihr durch sein gnädiges Walten zuvor. Ehe Satan den Bogen spannen kann, bringt der Menschenhüter die Seinen in Sicherheit. Ehe die Waffe im Feuer geschmiedet und auf dem Amboß gehämmert ist, versieht er uns mit einem undurchdringlichen Panzer, an dem das Schwert stumpf werden und der Speer zerbrechen wird. Darum wollen wir mit heiliger Kühnheit singen: „Denn er deckt mich in seiner Hütte zur bösen Zeit, er verbirgt mich heimlich in seinem Gezelt und erhöht mich auf einen Felsen" (Psalm 27, 5).

Schutz vor dem Sturm

Er sah aber einen starken Wind; da erschrak er und hob an zu sinken, schrie und sprach: Herr, hilf mir! Matth. 14, 30

Bei den Dienern des Herrn sind Zeiten des Sinkens Zeiten des Gebets. Petrus hatte das Beten vergessen, als er den gefährlichen Weg auf die Wogen unternahm; aber als er zu sinken anfing, machte die Gefahr ihn zum Beter, und sein Hilferuf kam, wenn auch spät, doch nicht zu spät. Die Stunden körperlichen Schmerzes und geistiger Not treiben uns ins Gebet, wie die Wogen ein Wrack ans Ufer treiben. Der Fuchs sucht Schutz in seiner Höhle, der Vogel fliegt in den schützenden Wald, und der geprüfte Christ eilt zum Gnadenthron, wo er Schutz und Hilfe findet. Das Gebet ist der himmlische Hafen, in dem wir uns vor den Stürmen des Lebens bergen. Tausende vom Sturm getriebene Schiffe haben da eine Zuflucht gefunden, und wenn das Ungewitter kommt, können wir nichts Klügeres tun, als uns schnell dahin flüchten.

Auch ein kurzes Gebet ist lang genug. Petrus schrie nur drei Worte, aber sie genügten dem Zweck, sie erreichten das Ohr und auch das Herz des Herrn. Nicht Länge, sondern Kraft ist notwendig beim Gebet. Die Erfahrung der Not ist ein mächtiger Lehrmeister, bei dem wir Kürze lernen können. Wenn unsere Gebete nicht so viele Schwanzfedern des Stolzes und dafür kräftigere Flügel hätten, so wären sie viel besser. Wortreichtum verhält sich zur Andacht wie Spreu zum Weizen.

Gerade unsere Not gibt dem Herrn Gelegenheit, uns zu helfen. Sobald ein starkes Gefühl der Gefahr uns einen Notschrei auspreßt, hört uns der Herr; was aber in sein Ohr dringt, dringt auch in sein Herz, und die Hand zögert auch nicht. Sind wir fast verschlungen von den brausenden Wellen der Trübsal? Dann wollen wir unsere Seelen zum Herrn erheben, und wir dürfen gewiß sein, daß er uns nicht umkommen läßt. Wenn *wir* nichts vermögen, so vermag *Jesus* alles. Wir wollen uns seiner mächtigen Hilfe versichern, dann wird alles gut.

Halte dich an die Verheißung!

Wir würden lange nicht so viel Angst und Sorge durchstehen müssen, wenn wir, wie wir könnten, uns auf die göttlichen Verheißungen verließen. Wenn wir mehr von den göttlichen Verheißungen und weniger von unseren menschlichen Gefühlen und Urteilen lebten, so wären wir alle glücklichere Menschen. Wir müssen eine Verheißung ergreifen und sagen: „Daran halte ich mich; mag die Welt sagen, es sei nicht wahr, ich bleibe doch dabei." Wenn wir immer im Glauben an die Verheißungen lebten, so könnten die Pfeile des Feindes uns nie erreichen.

Gott hört

Ich will auf den Herrn schauen und des Gottes meines Heils warten; mein Gott wird mich hören. Micha 7, 7

Freunde können treulos werden, aber der Herr wendet sich nicht von der Seele, die ihm angehört; er hört auf alle ihre Bitten. Der Prophet sagt: „Bewahre die Türe deines Mundes vor der, die in deinen Armen schläft ... Des Menschen Feinde sind seine eigenen Hausgenossen" (Micha 7, 5. 6). Das sind trostlose Zustände; aber selbst wenn es so schlimm stehen sollte, bleibt doch der beste Freund treu, und wir dürfen ihm all unser Leid klagen.

Es ist weise, auf den Herrn zu schauen und nicht mit den Menschen zu zanken. Wenn die eigenen Angehörigen unsere Liebe zurückweisen, so wollen wir auf den Gott unseres Heils harren, denn er erhört uns. Er erhört uns um so gewisser, wenn andere abweisend gegen uns sind, und wir werden bald rufen können: „Jauchze nicht über mich, mein Feind!" (Ps. 41, 12).

Weil Gott der lebendige Gott ist, *kann* er erhören; weil er der liebende Gott ist, *wird* er erhören; weil er unser Bundesgott ist, *hat er verheißen*, zu erhören. Wenn wir zu ihm sagen können: „Mein Gott!", so können wir auch mit völliger Gewißheit sagen: „Mein Gott wird mich erhören." Komm denn, du blutendes Herz, und klage dein Leid deinem Gott! Ich will meine Knie im Kämmerlein beugen und bei mir selbst sagen: „Mein Gott erhört mich."

Leidensgenossen

Mein Christ, deine tiefsten Schmerzen haben auch andere schon gefühlt, ja vielleicht noch tiefere und bitterere. Du sagst, du steckest in einem Sumpf, der keinen Grund habe. Andere sind schon viel tiefer darin gesteckt, so tief, daß sie sagen konnten: „Alle deine Wellen und Wasserwogen gehen über mich" (Ps. 42, 8). Deine Leiden sind schwer, aber sie sind nichts Außerordentliches; andere haben dasselbe ertragen, und wenn *sie* es durchgemacht und die Krone erlangt haben, so wirst auch du es durchmachen und die Seligkeit erlangen.

Bei peinlicher Ungewißheit

Vor schlimmer Kunde braucht er sich nicht zu fürchten; sein Herz hofft unverzagt auf den Herrn. Psalm 112, 7

Ungewißheit ist schwer. Wenn wir keine Kunde von unseren Lieben haben, so fangen wir an zu sorgen und können uns nicht überzeugen, daß keine Nachricht eine gute Nachricht sei. Auch für diese Art des Leides ist der Glaube das Heilmittel. Der Herr kann durch seinen Geist unser Gemüt beruhigen und ihm eine heilige Heiterkeit schenken, so daß alle Furcht für Gegenwart und Zukunft weicht.

Wir müssen eifrig nach dem getrosten Vertrauen auf den Herrn streben, von dem der Psalmist spricht, nicht nur diese oder jene Verheißung des Herrn annehmen, sondern ein unerschütterliches Vertrauen auf den Herrn haben, daß er weder selbst uns Übles tun noch dulden wird, daß andere uns schaden. Dieses beständige Vertrauen bezieht sich sowohl auf das Bekannte wie auf das Unbekannte in unserem Leben. Mag das Morgen bringen, was es will, unser Gott ist ein Gott auch des morgigen Tages. Manches mag uns geschehen, was uns unbekannt ist, aber unser Gott ist Gott auch über unsere unbekannte Zukunft. Wir sind entschlossen, Gott zu vertrauen, es mag kommen, was da will. Und wenn's zum Schlimmsten kommt — Gott ist doch höher als alles. So wollen wir uns nicht fürchten! Der Herr lebt.

Freude im Leid

Wenn du auf deine schweren Zeiten zurückblickst, findest du nicht, daß du trotz der Prüfungen ungewöhnlichen Frieden und wahre Freude im Herzen gehabt hast? Es gibt eine süße Freude, die uns durchs Leid kommt. Der bittere Wein des Schmerzes wirkt wie eine stärkende Arznei auf unser ganzes Wesen. Der angenehme Trank des Wohlergehens hinterläßt oft einen bitteren Nachgeschmack, aber der bittere Trank der Trübsal hinterläßt, wenn er geheiligt war, einen süßen Wohlgeschmack. Es gibt Freude auch im Leid. Von der Harfe, deren Saiten zerrissen sind, erklingt manchmal ein Ton, wie ihn die laut schmetternde Trompete nicht hervorbringen kann. Das Klagelied hat eine weiche Melodie, die ein Freudenlied nicht haben kann. Erklärt sich das nicht aus der Tatsache, daß wir im Leiden Gott näher sind? Unsere Freuden sind wie die Wellen des Ufers, die uns aufs Trockene werfen, aber unsere Leiden gleichen der zurückflutenden Woge, die uns mit hinausnimmt in das unendliche Meer der Gnade Gottes. Wir wären gestrandet und lägen verschmachtend am Ufer, wenn nicht jene zurückströmende Woge gewesen wäre, die uns zu unserem Vater und zu unserem Gott trug. Gesegnet sei die Trübsal! Sie hat uns zu Gott gebracht; sie hat unser Gebet belebt, unsere Liebe entzündet, unseren Glauben gestärkt; sie hat Christus zu uns in den Schmelzofen gebracht und uns auch wieder aus dem Schmelzofen geholt, damit wir freudiger als zuvor mit Christus leben mögen.

Sterne in der Leidensnacht

Du kannst bei Tag die Sterne nicht sehen, außer wenn du tief drunten in einem Schacht bist. Du siehst ebenso die Sterne der Verheißung oft nur, wenn Gott dich tief in den Schacht des Leidens versenkt hat. Auf dem schwarzen Hintergrund des Leidens leuchtet um so heller der Edelstein der Gnade. Du kannst Jesus nur kennen, wenn du seinen Fußstapfen nachfolgst. Die Armut offenbart dir den, der um unseretwillen arm wurde; die Krankheit den, der selbst voller Schmerzen und Krankheit war; die Schmach offenbart dir seine Schmach und selbst der Tod führt dich hinein in seinen Tod, damit du mit ihm auch auferstehen mögest.

Aufsehen auf Jesus. Hebr. 12, 2

Wenn wir mehr auf Jesus blickten, so erschienen uns unsere Nöte weder so groß noch so schmerzlich. In der dunkelsten Leidensnacht erhellt ein Blick auf ihn den schwarzen Himmel. Wenn die Finsternis so dicht wäre wie die Ägyptens, „daß man's greifen kann" (2. Mose 10, 21), auch solche Nacht vermag Jesus zu erleuchten. Ermutigt durch seine Stimme, gestärkt durch seine Kraft werden wir bereit und fähig, im Tun und Leiden bis ans Ende auszuhalten (Matth. 24, 13). Ihr müden, beschwerten Christen, schaut auf ihn, und es wird euch leicht werden!

Ohne Kampf kein Sieg

In der Tiefe der Not lernen wir die Allgenugsamkeit der Gnade. Die mögen sich der Trübsale rühmen, die in ihnen die wichtigsten Lehren der Gottseligkeit gelernt, die unerschöpfliche Fülle und den gewissen Sieg der Gnade erfahren haben. Wenn wir vorwärtskommen wollen, müssen wir Prüfungen haben. Wer ein Seemann werden will, muß hinaus aufs Meer. Wir müssen ins tiefe Wasser hinaus, müssen im Sturm auf dem Verdeck sein, wenn wir die Werke des Herrn und seine Wunder in der Tiefe sehen wollen. Wir müssen in der Löwengrube sein, wir müssen einzeln gegen eine Schar von Feinden kämpfen, wenn wir die rettende Macht

Gottes erfahren wollen. Kämpfe bringen Erfahrung, und Erfahrung bringt das Wachstum in der Gnade, das wir auf keinem anderen Wege erlangen.

Ein Geschenk

O mein Christ, Jesus schenkt dir täglich dein Kreuz, und es ist keine schlechte Gabe.

Auf Adlers Flügeln

„Sie fahren auf mit Flügeln wie Adler" (Jes. 40, 31). Wie ein Pfeil vom Bogen, so steigt der königliche Vogel hinauf in die Höhen; dort atmet er die reine Luft. So können sich die Gläubigen durch die Kraft des Geistes in die Gottesnähe erheben und eine Luft atmen, die nicht durch Sünde und Sorge verunreinigt ist. Dann sehen wir in fröhlichem Glauben alles Irdische weit unter uns und beurteilen es nicht mehr vom irdischen, sondern vom himmlischen Standpunkt aus. Wie klein werden bei solcher Erhebung der Seele alle irdischen Sorgen!
Den Adler in seiner Höhe erschreckt nicht der Sturm, der den See aufwühlt, noch der Donner, der von den Felsen widerhallt. Wenn wir in Gott leben, so trotzen wir den vergänglichen Sorgen. Wenn wir den niedrigen Sorgen entgehen wollen, so müssen wir uns über sie erheben und in ihm leben, dessen Ruhe nie gestört wird. Wir gebrauchen unsere Flügel zu wenig. Unsere Gedan-

ken sind nicht genug bei dem, was droben ist, wo Christus ist, sitzend zur Rechten Gottes (Kol. 3, 1). Wie kläglich wäre es, wenn ein Adler hier unten herumhüpfen wollte wie eine Henne im Hühnerhof; der königliche Vogel hat sein Reich über den Wolken. „Ihr seid nicht von der Welt", sagt Jesus (Joh. 15, 19). Bedächten wir doch seine Worte und erhöben wir uns über die geringen, zeitlichen und sichtbaren Dinge, die uns verwirren, wenn wir in ihnen leben!
Auch die Christen sind zu oft mit wesenlosen Dingen beschäftigt, bedrückt von Kleinigkeiten, erfreut durch Tand. Hinauf, in die Höhe! Wenn du mit den täglichen Sorgen nicht kämpfen kannst, so erhebe dich darüber! Wenn die Welt um dich buhlt, wenn dein Herz ihrem lockenden Zauber sich gefangen geben will, so steige in die Höhe, bis du ihren Trug durchschauen und auf ihre Lockungen herabsehen kannst! Nicht hienieden ist dein Teil und deine Wohnstatt. Laß dir's nicht genügen, hier unten zu bleiben; du gehörst nicht hieher. Erst wenn du in der Höhe bei Gott wohnst, hast du deinen richtigen Ort gefunden.

Blick auf!

Mein Christ, in aller Not blicke auf Gott, und du wirst gerettet! In deinen Prüfungen und Leiden blicke auf Jesus, und du wirst befreit! Richte dein Auge und dein Herz empor! Blicke auf Jesus und fürchte dich nicht! Du kannst nicht straucheln, wenn du, während du gehst, deine Augen auf Jesus richtest. Wer auf ihn schaut, geht sicher seines Weges.

Sei stille dem Herrn!

Traue dem Herrn in allen Leiden der Zeit! „In der Welt habt ihr Angst“ (Joh. 16, 33). Lerne durch den Glauben, daß dir alle Dinge zum Besten dienen (Röm. 8, 28), und dann unterwirf dich dem Willen des Herrn! Sieh das Schaf an, wenn es geschoren wird: wenn es ganz still liegt, tut ihm die Schere nicht weh, wenn es aber zappelt oder auch nur zuckt, wird es verwundet. Unterwirf dich der Hand Gottes, so verliert die Trübsal ihre Schärfe! Der Eigenwille, das Murren und Klagen machen dir hundertmal mehr Schmerzen als das Leiden selbst. Glaube, daß der Wille des Herrn viel besser ist als der deine; darum unterwirf dich ihm und sei glücklich darin!

Im Schmelzofen

Der Schmelzofen ist für Gottes Kinder sehr nützlich, denn sie bekommen da mehr Licht als anderswo. Wenn du bei Nacht in einer Gegend wanderst, wo viel Eisen=industrie ist, so wunderst du dich über die Helle, die aus all den Schmelzöfen strahlt.
Ich glaube, nirgends lernen wir so viel und bekommen so viel Licht über die Heilige Schrift, wie im Schmelz=ofen der Trübsal. Lies im Wohlsein, in der Ruhe eine

Bibelwahrheit, und sie macht dir vielleicht keinen besonderen Eindruck. Aber stecke einmal im Schmelzofen, und du wirst ihre Worte, auch die schwereren, viel besser verstehen als zuvor in der Ruhe.

Ein weites Herz

Nichts ist so geeignet, einem Menschen ein großes, weites Herz zu geben wie eine große Prüfung. Kleine, ärmliche Leute mit engen Herzen haben nicht viele Proben durchgemacht. Wer keine Teilnahme für seine Mitmenschen hat und nie mit den Weinenden weint, hat meist selbst nicht viel gelitten. Nur ein großes Leid gibt ein großes Herz.

Ein Gleichnis

Neulich saß ich an einem Fenster, von dem ich die Aussicht auf einen kleinen See hatte. Ich sah da etwas, was mich sehr belustigte und zugleich allerlei Gedanken in mir anregte. In den See hinaus lief ein hölzerner Steg, auf den unter dem Bellen der Hunde, dem Geschrei der Männer und auch einiger Verwendung des Stocks eine Anzahl Schafe, offenbar sehr gegen ihre Neigung, getrieben wurde. Als die Tiere glücklich am Ende des Steges waren, wurde eins nach dem andern ohne Umstände gepackt und ins tiefe Wasser geworfen. Als sie wieder auftauchten, schwammen sie natürlich kläglich blökend dem Ufer zu. Aber sie wurden von Männern in Booten erwartet, die mit ihren Rudern alle, die sie erreichen konnten, wieder untertauchten; andere wurden vom Lande aufs neue auf den Steg getrieben. Die Farbe des Wassers zeigte, wie nötig die Schafe das Waschen hatten. Als die Lämmer sich um ihre Mütter auf dem Lande wieder zusammenfanden und ihr triefendes Fell schüttelten, hörte man ein fröhliches Blöken. Aber es war verfrüht, denn die ganze Herde wurde noch einmal ins Wasser getrieben und jedes Schaf ein zweites Mal untergetaucht. Es war ein schwerer Tag für die Tiere; sie kamen alle aus dem Wasser wie Wesen, die nicht mehr wissen, was sie von der Sache denken sollen. — Der Schäfer war ziemlich kühl geblieben, die Schafwäsche schien ihm sogar Spaß zu machen. Doch bemerkte ich, daß er mit seinen Tieren schonend, ja mit einer gewissen Zartheit umging und den Lämmern, deren Fell weniger Schmutz an sich hängen hatte als die lange Wolle der älteren Tiere, das zweite Untertauchen ersparte. Er führte freilich in diesem Augenblick seine Herde nicht auf eine grüne Weide und zum frischen Quell, aber er handelte doch an ihr jetzt ebenso gut als Hirte, wie wenn er die Lämmer auf den Armen trug und die Herde für die Nacht in die Hürde brachte.

Die Schafwäsche wurde mir zu einem Bild der reinigenden Trübsale, die wir durchmachen müssen. Wir haben schon manchmal ein solches Zerren und Stoßen erfahren und noch viel grimmigere Hunde als jene Schäferhunde bellen hören. Wir werden kopfüber in ein Meer des Leidens gestürzt und können kaum den Kopf oben halten. Und dann kommen immer noch neue Nöte, die uns

hinunterdrücken, so daß die Wogen über uns zusammenschlagen. Wie schwer ist es, ans Land zu schwimmen, wenn die Sorgen uns hinabziehen wie das nasse Fell die Schafe! Und wenn wir mit Mühe und Not herauskommen und meinen, aufatmen und uns der Befreiung freuen zu können, so gewahren wir oft zu unserem Schrecken, daß das ganze Elend noch einmal anfängt, daß wir uns neu der Flut erwehren müssen. Wir müßten den Mut verlieren, wenn wir nicht daran denken, daß der gute Hirte uns keine unnötigen Prüfungen auferlegt, sondern wohl weiß, was uns not ist. Wir sind nicht wie die Schafe, die nicht wissen, wozu die Not gut ist; darum wollen wir uns auch nicht gegen die Hand, die die Prüfung verhängt, sträuben. Wir erkennen die natürliche Verkehrtheit unseres Wesens und wieviel Züchtigung not ist, sie uns auszutreiben. Darum wollen wir Ja zum Leiden sagen und beten, daß es uns zum Segen werde. Möchten wir, wenn wir ans Ufer schwimmen, unseren Stolz, unsere Weltliebe, unsere Trägheit und all unsere bösen Gewohnheiten dahintenlassen, um durch die Gnade des Heiligen Geistes rein zu werden wie eine frischgewaschene Herde Schafe!
Wenn du aus den Tiefen der Trübsal dich herauszuringen hast, so blicke nicht auf das gegenwärtige Leiden, sondern auf dessen künftigen Segen! — „Trübsal bringt Geduld, die Geduld bringt die Bewährung, die Bewährung bringt Hoffnung, die Hoffnung aber läßt nicht zuschanden werden, denn die Liebe Gottes ist ausgegossen in unser Herz durch den Heiligen Geist, welcher uns gegeben ist" (Röm. 5, 3—5).

Ich will euch trösten, wie einen seine Mutter tröstet. Jes. 66, 13

Der Trost einer Mutter – wie süß ist er! Wie geht sie auf des Kindes Kummer ein! Wie drückt sie es an die Brust und sucht all sein Leid in ihr Herz aufzunehmen! Das Kind kann ihr alles sagen, und sie zeigt ihm eine Teilnahme, wie niemand sonst sie ihm geben kann. Von allen Tröstern ist die Mutter dem Kinde der liebste, und auch dem erwachsenen Manne geht es noch so.

Und unser Gott läßt sich herab, wie eine Mutter gegen uns zu sein! Das ist doch wahrlich eine große Güte und Liebe! Wir begreifen gerne, daß er unser Vater ist, aber nun will er auch noch unsere Mutter sein. Lädt uns das nicht zu heiliger Vertraulichkeit, zu rücksichtslosem Vertrauen ein? Wenn Gott selbst unser Tröster ist, kann keine Angst lange verweilen. So wollen wir ihm denn unsere Not klagen und wäre es auch nur durch Schluchzen und Weinen! Er verachtet uns wegen unserer Tränen nicht; unsere Mutter täte es ja auch nicht. Er nimmt Rücksicht auf unsere Schwäche, wie es unsere Mutter getan hat, und besser als sie es konnte, räumt er unsere Fehler weg. Wir wollen nicht versuchen, unser Leid allein zu tragen; das wäre eine unfreundliche Antwort auf seine zarte Liebe. Wir wollen sogleich den heutigen Tag mit unserem liebreichen Gott beginnen, und warum sollten wir ihn mit ihm nicht auch enden? Die Mütter werden ja der Gesellschaft ihrer Kinder auch nicht müde.

Der Herr richtet auf, die niedergeschlagen sind. Psalm 146, 8

Bin ich niedergeschlagen? Dann will ich dem Herrn dieses gnädige Wort vorhalten. Es ist seine Art, seine Verheißung, seine Freude, die Niedergeschlagenen aufzurichten. Vielleicht bist du niedergeschlagen, weil Erkenntnis deiner Sünde auf deinem Herzen lastet. Für diesen Fall ist ja das Werk des Herrn Jesus getan; er kann und will dich aufrichten und dir Ruhe schenken. O Herr, richte mich auf!
Hast du eines deiner Lieben verloren, oder haben deine äußeren Verhältnisse sich plötzlich ungünstig gestaltet? Auch darin will der Tröster dich trösten. Und das Werk des Trösters muß doch gut getan werden, wenn der Heilige Geist selbst es übernimmt.

Aus sechs Trübsalen wird er dich erretten und in der siebten wird dich kein Übel rühren. Hiob 5, 19

Wir können so viele Nöte haben, wie die Woche Tage hat, aber der Gott, der in den sechs Tagen am Werke gewesen ist, wird auch für uns wirken, bis unsere Errettung vollkommen ist. Am Sabbat werden wir mit ihm und in ihm ruhen. Die schnelle Folge der Prüfungen ist oft die schwerste Probe des Glaubens. Ehe wir uns von einem Schlag erholt haben, folgt ein zweiter und ein dritter, bis wir ganz betäubt sind. Aber wie ermutigend ist andererseits die schnelle Folge der Errettungen! Jedenfalls wissen wir: Wenn der Herr uns sechs Trübsale bestimmt hat, kommen sechs, aber nicht mehr als sechs. Hat er uns aber sieben bestimmt, so wird uns auch in der siebten kein Übel rühren. Wir wollen mit umgürteten Lenden die sechs oder sieben Trübsale bestehen und die Furcht denen überlassen, die keinen Vater, keinen Heiland und keinen Tröster haben.

Wahre Schätze

Leiden sind Schätze, und wenn wir weise wären, betrachteten wir sie als unsere kostbarsten Edelsteine. Die Kummerhöhlen sind Diamantengruben. Unsere irdischen Güter sind Silber, aber für den Christen sind zeitliche Leiden lauteres Gold. Wir können in der Gnade wachsen, wenn es uns gut geht; aber wir machen gewiß größere Fortschritte, wenn wir im Leiden sind. Sanfte Winde tun unserem Lebensschifflein auf der Fahrt zur Ewigkeit wohl, aber rauhe Winde sind besser dafür. Wir haben die Stille gern, aber der Weg Gottes ist im Sturm. Christen haben mehr Nutzen von ihren Verlusten als von ihren Gewinnen. Ihre Krankheit macht sie gesund und ihre Armut reich.

Der in euch angefangen hat das gute Werk, der wird es auch vollenden. Phil. 1, 6

Gott wird das Werk, das er in meiner Seele begonnen hat, vollenden. Der Herr kümmert sich um alles, was mich betrifft. Alles in mir, was jetzt gut, aber noch nicht vollkommen ist, wird er behüten und bewahren und zur Vollkommenheit führen. Das ist ein großer Trost. Ich selbst könnte das Werk der Gnade nicht vollkommen machen; denn ich strauchle jeden Tag und habe bisher nur durch die Hilfe des Herrn ausgeharrt. Wenn er mich verließe, so hülfen mir all meine bisherigen Erfahrungen nichts und ich käme auf dem Wege um. Aber er fährt fort, mich zu segnen. Er vervollkommnet meinen Glauben, meine Liebe, meinen Charakter, meine Arbeit. Er hat die Sorge um meine Seele in mir erweckt und bisher mein Streben und Ringen gefördert, er läßt nie ein Werk unvollendet. Das würde ja nicht zu seiner Ehre dienen. Er vermag seine gnädigen Absichten zu vollführen, auch wenn meine eigene böse Natur, die Welt und der Teufel sich alle verschworen hätten, ihn zu hindern; ich zweifle nicht an seiner Verheißung. Er wird das gute Werk in mir vollenden, und ich werde ihn ewig preisen. Herr, laß auch heute dein Werk der Gnade in mir fortschreiten!

Los von der Welt

Schwere Leiden lockern die Wurzeln, die die Seele in diese Welt eingesenkt hat, und machen, daß das Herz seinen Anker fest in jener Welt einsenkt. Wenn weiche Sommerlüfte wehen, sind wir versucht, die Segel auszuspannen und ins Meer des Lebens hinauszufahren; wenn aber die Stürme aus ihrer Höhle hervorbrechen, streben wir mit aller Macht nach dem Hafen. Das Leiden beschneidet uns die irdischen Flügel, so daß wir nicht von der Hand unseres Herrn wegfliegen können; aber dasselbe Leiden läßt die Flügel unserer Seele wachsen, so daß wir aufsteigen wie die Adler.

Wenn wir viel Not und Plage haben, sind wir mutig im Dienst unseres Gottes, denn wir fühlen, daß in dieser Welt nichts ist, wofür es sich lohnte, zu leben; zugleich treibt uns die Hoffnung der kommenden Welt zu Eifer, Fleiß und Selbstverleugnung. Geht es uns aber gut, so erschweren es uns oft die Freuden dieser Welt, an die zukünftige zu denken, und wir überlassen uns einer trägen Bequemlichkeit. O Herr, wir danken dir für unsere Leiden, denn sie halten uns wach. Wir danken dir für Winde und Wellen, denn sie treiben uns von dem verräterischen Ufer weg. Ehe die Trübsal kam, gingen wir in der Irre, jetzt aber halten wir dein Wort (Psalm 119, 67).

Besonderer Trost für Kreuzträger

Wenn euch euer guter Herr ein Kreuz auferlegt, so hat er einen besonderen Trost für euch bereit. Wie das Kreuz zur Krone führt, so scheinen auch schon jetzt auf unserem Wege ein paar besondere Strahlen, die das Kreuz weniger drückend machen und uns einen Vorgeschmack des ewigen Lebens geben. Die Bitterkeit deines Leidens wird dir versüßt:

1. *durch eine reichlichere Mitteilung besonderer Gnade.* Die Gnade ist der beste Trost des Christen. Wenn Glaube und Liebe blühen, bringen sie herrliche Freude mit. Wenn die Gnade aufsproßt, so ist es wie eine Auferstehung der Toten, und sie sproßt nie so reichlich wie nach einem Regen. Nach dem Regen grünt das Gras aufs neue und die welkenden Blumen erheben ihre Köpfchen wieder. So sprießt nach dem Regen des Leidens die Gnade hervor. Nie scheinen die Sterne so hell wie in einer bitter kalten Nacht. „Zerriebene Kräuter duften wohl." — „Ob unser äußerlicher Mensch verdirbt, so wird doch der innerliche von Tag zu Tag erneuert" (2. Kor. 4, 16). Verfolgung ist die Zeit in unserem Leben, wo „wir immerdar in den Tod gegeben werden um Jesu willen, auf daß auch das Leben Jesu offenbar werde an unserem sterblichen Leibe" (2. Kor. 4, 11). Tröste dich, mattes Herz: Das Kreuz kommt, nun sollst du leben, nun sollst du genesen! Glaube und Liebe, Geduld und Mut, die so lange die Flügel haben hängen lassen, werden wieder das Haupt erheben; der Tag deiner Erlösung naht; die Gnade wird die Nacht der Trauer in einen Tag der Hoffnung verwandeln.

2. *Du kannst jetzt eine hellere Offenbarung der besonderen Liebe Gottes erwarten.* „Liebst du mich, Herr? Wenn du mich liebst, so habe ich genug. Laß mich deine Stimme hören, laß mich dein Antlitz sehen! Deine Liebe und Güte ist mir lieber als das Leben. Sende dein Licht und deine Wahrheit, daß sie mir sagen, daß du mich liebst. Wann wirst du mir sagen: ‚Du weißt, daß ich dich liebe'"? — Jesus antwortet dir:

„Nimm dein Kreuz auf dich und folge mir!" Das Kreuz, dieser verdorrte Baum, trägt mehr Blüten als alle grünenden Bäume des Feldes. Das ganze Evangelium ist im Kreuz beschlossen. Am Kreuz, an dem unser Herr gehangen ist, ist die Sünde angenagelt, der Fluch zerstört, der Tod im offenen Kampf besiegt und Vergebung der Sünden, Friede, Freude, Herrlichkeit erschienen. Das ist die Liebe mit all ihren Kennzeichen: geh nur hin und hole sie! Und fürchte dich nicht, wenn du mit des Herrn Taufe getauft wirst und seinen Kelch trinken mußt! (Matth. 20, 22). Denn dieser Kelch ist auch die Gemeinschaft des Blutes Christi. „Komme mit mir in die Wüste, daß ich freundlich mit dir rede! (Hosea 2, 16). Wenn du ihrer am meisten bedarfst und sie am höchsten zu schätzen weißt, will ich dir meine Liebe zeigen."

3. *Der Herr will nicht, daß wir seine Liebe gering schätzen.* Die satte Seele verschmäht den Honigseim. Du liebst noch zu viele anderen Dinge, um den Herrn willkommen zu heißen; deshalb nimmt er sie dir weg. Er bewahrt seinen besten Wein auf, bis dein eigener sauer ist; dann dünkt dir des Herrn Wein köstlich und jetzt bekommst du ihn. Sein Öl ist für deine Wunden, nicht für deine Launen. Ein Kind empfindet die Liebe der Eltern erst recht, wenn es krank oder traurig ist. Da ist jeder Blick der Eltern Liebe und jedes Wort Teilnahme und Tröstung. Wenn du den Haß der Menschen erfährst, darfst du die Liebe Christi kennenlernen. Wenn du verfolgt, ausgestoßen, zu Boden getreten wirst, will er dich aufnehmen und pflegen.

4. *In der Trübsal wartet eine größere Offenbarung der Herrlichkeit Gottes auf dich.* Von Stephanus, dem ersten Märtyrer, heißt es: „Er sah auf gen Himmel und sah die Herrlichkeit Gottes und Jesus stehen zur Rechten Gottes" (Apg. 7, 55). Und wieder: „Sie sahen auf ihn alle, die im Rat saßen, und sahen sein Angesicht wie eines Engels Angesicht" (Apg. 6, 15). Was muß das für ein Himmel in seiner Seele gewesen sein, der solchen Glanz auf sein Angesicht warf, so daß selbst seine Feinde die Herrlichkeit Gottes sahen! Wenn er seinen Blick abwärts wandte, sah er gleichsam die Hölle offen; denn um ihn her waren seine Quäler, und der Rachen des Todes war bereit, ihn zu verschlingen. Wenn er aber emporschaute, sah er den Himmel offen und Jesus zur Rechten Gottes stehen. Da mag sein Herz wohl gerufen haben: „Oh, dort ist er, für den ich all das leide! Dort ist das Reich des Lichtes, zu dem dieser dunkle Sturm mich hinträgt!"

Die Hölle ist nicht mehr die Hölle, wenn der Himmel sich als der Himmel zeigt. Wenn wir lesen, was von den Scharen der Märtyrer erzählt wird: von ihrer unaussprechlichen Freude, ihrem unbesiegbaren Mut und ihrer bewundernswerten Kühnheit; wie sie ihre Freunde trösteten und ihre Feinde verlegen machten; wie sie sich über ihre Striemen freuten, im Stock Loblieder sangen, ihrer Bande sich rühmten, die Arme nach den Flammen ausbreiteten und triumphierend im Feuer gen Himmel fuhren — was lernen wir daraus? Daß der Anker ihres Glaubens hinter dem Vorhang eingesenkt war, dort, wohin Jesus ihnen vorangegangen (Hebr. 6, 19. 20).

Wer möchte nicht bei ihnen sein? Wer wollte das Leiden fürchten?

Wovor fürchtest du dich? Wovor verbirgst du dich? Warum zögerst du, vom Ufer abzustoßen und ins tiefe Meer hinauszufahren? Wenn du einmal dort bist, so darfst du nur auf Jesus sehen und du bist im Paradies.

5. *Endlich, und das schließt alles andere in sich: In der Trübsal offenbart sich dir die besondere Gegenwart des Herrn.* „Ich bin bei dir, spricht der Herr, daß ich dir helfe" (Jer. 30, 11). „Denn wenn du durchs Wasser gehst, will ich bei dir sein, daß dich die Ströme nicht sollen ersäufen; und wenn du durchs Feuer gehst, sollst du nicht brennen, und die Flamme soll dich nicht versengen" (Jes. 43, 2). Durch Feuer und Wasser mußt du gehen; aber wohin du auch gehst, wird er bei dir sein. Als der Busch brannte, war der Herr im Busch (2. Mose 3); als die drei Männer im Feuerofen waren, war der Herr bei ihnen (Dan. 3). „Wer sie ängstete, der ängstete ihn auch, und der Engel seines Angesichts half ihnen. Er erlöste sie, darum, daß er sie liebte und ihrer schonte. Er nahm sie auf und trug sie allezeit von alters her" (Jes. 63, 9). Paulus schreibt: „In meiner ersten Verantwortung stand niemand bei mir, sondern sie verließen mich alle. Der Herr aber stand bei mir und stärkte mich" (2. Tim. 4, 16. 17). Kein Glaubender wird jemals dem Herrn vorwerfen können: „Ich bin gefangen gewesen und du hast mich nicht besucht." Er ist immer bei ihnen, um ihre Last zu tragen, ihre Sache zu führen, ihre Unschuld an den Tag zu bringen, ihnen die Striemen abzuwaschen und die Tränen zu trocknen, ihre Wunden

zu heilen, ihren müden Geist zu beleben, ihren Kerker zu erhellen, sie vom falschen auf den rechten Weg zu leiten und in der Einsamkeit mit ihnen zu reden.
Wo aber Christus ist, da ist immer gut sein. Wo mein Herr ist, da möge mir das Los gefallen. Lieber mit meinem Herrn unter den Dornen wohnen, als ohne ihn unter den Lilien.
Darum tröste dein Herz! Sieh das Kreuz, vor dem dir so bange ist, nur recht an, und deine Angst wird verschwinden. Du sprichst noch: „Weh mir, wo finde ich Trost?" Bist du aber nicht im Bunde mit Gott? Glaube nur — und alles ist dein! Glaube, und du wirst das Heil Gottes sehen! So gewiß das Kreuz dein ist, so gewiß wird auch der Trost des Kreuzes dein sein. Nimm die gnadenvollen Worte, die du vor Augen hast, zu Herzen! Denke an die leidenden Frommen, die dir vorausgegangen sind! Wie haben sich an ihnen jene herrlichen Worte bewährt durch das offenbare Wachstum in der Gnade, durch die Erfahrungen göttlicher Liebe, durch die reichere Offenbarung der göttlichen Herrlichkeit, durch die Gewißheit der Gegenwart Gottes, die ihren Geist belebt, ermutigt, gestärkt hat im dunkelsten Gefängnis, im schwersten Kampf, unter Schmach und Spott, in der Verbannung, im Tode! Wisse, daß alle diese Dinge dir zur Lehre geschrieben sind, damit du durch Geduld und Trost der Schrift Hoffnung habest (Röm 15, 4).

II. IN SORGE UND ARMUT

Alle eure Sorge werfet auf ihn, denn er sorgt für euch.
1. Petri 5, 7

Es gibt Sorgen, die wir nicht auf Gott werfen dürfen, weil sie sündhaft sind. Die Sorge ums Reichwerden, um Menschenruhm, das Begehren nach üppigem Genuß=leben, der Reiz, eine Beleidigung zu rächen – kann ich Gott bitten, derartige Sorgen für mich zu tragen? Wenn du von ihnen gequält wirst, schleudere sie von dir; sonst brennen sie sich in deine Seele hinein. Darüber beten darfst du nur in dem Sinne, daß du Gott bittest, dich von ihnen zu befreien. Sei bescheiden in deinen An=sprüchen, lerne, dich nach der Decke zu strecken, dann werden die unnötigen Sorgen mit einem Schlag verschwinden!

„*Werfet* eure Sorgen auf den Herrn!" — sagt der Apostel. Er sagt nicht: „Leget", er braucht ein viel ausdrucksvolleres Wort. Dieses Werfen verlangt Anstrengung; hier mußt du eine Glaubenstat tun. Du mußt die ganze Kraft — und die ganze Demut deiner Seele aufbringen, bis es dir gelingt, die Last auf den Herrn zu werfen.

Wirf deine Sorgenlast *auf ihn!* Du kannst anderen deine Not klagen und ihre Teilnahme gewinnen; sollen wir doch eins des anderen Last tragen. Du kannst auch Freunde um Hilfe bitten und dich so in der Demut üben; aber das Flehen zu Gott soll immer zuerst kommen. Es ist merkwürdig, wie denen, die sich ganz auf Gott verlassen, wunderbar geholfen wird. Es ist gewiß nicht unrecht, wenn wir uns an unsere Mitmenschen um Hilfe wenden; es sind auch viele, die gern helfen wollten, aber nicht wissen, wo Hilfe nötig ist. Aber setze nie einen Menschen an die Stelle Gottes! Er allein kann uns die Sorgen abnehmen und die Last für uns tragen.

Es gibt auch eine Art, sich die Sorgen leicht zu machen, die das gerade Gegenteil vom Werfen der Sorge auf den Herrn ist. Ich meine die *Gleichgültigkeit*. Es ziemt sich für einen Christen nicht, im Blick auf die Sorgen zu sagen: „Es ist mir einerlei." Wer es damit so leicht nimmt, der nimmt es wohl auch leicht, Schulden zu machen und allerlei zu versprechen, was er doch nicht halten wird. Jeder muß für seinen Beruf und seine Familie sorgen. „Wer seine Hausgenossen nicht versorgt, ist ärger als ein Heide" (1. Tim. 5, 8). In der Demut des

Herzens die Sorge auf Gott werfen ist das Gegenteil von Leichtsinn und Übermut.

Es geht auch nicht, die Sorge auf Gott zu werfen, *wenn man zugleich etwas Unrechtes tut,* um sich ihrer zu entledigen: wenn man z. B. Schulden macht, obgleich man weiß, daß man sie nicht zurückzahlen kann; wenn man, um einem Verlust zu entgehen, eine Unwahrheit sagt; wenn man, um das Einkommen zu vermehren, sich in leichtfertige Spekulationen einläßt. Mit jedem Ungehorsam gegen Gott weisen wir seine Hilfe zurück und helfen uns in unerlaubter Weise selbst. Wer auf jede Gefahr hin tut, was recht ist, der wirft seine Sorge auf Gott. Unsere Sorge muß sein, Gott zu gefallen. Alle anderen Sorgen können wir getrost ihm überlassen.

Aber wie greifen wir es denn an, alle Sorge auf Gott zu werfen? Um die schwere Last zu heben, brauchen wir die Hand des Gebets und die Hand des Glaubens. Im Gebet sagen wir Gott unsere Sorge und bitten ihn um Hilfe; im Glauben sind wir überzeugt, daß Gott helfen kann und helfen wird. Das Gebet breitet das Hilfegesuch mit der Liste aller unserer Sorgen vor Gott aus; der Glaube spricht: Ich glaube, daß Gott für mich sorgt; ich glaube, daß er mir aus meiner Not helfen und daß alles zu seiner Ehre dienen wird.

Wenn du aber so die Sorge von deinen Schultern ab- und auf Gott geworfen hast, so *hüte dich, daß du sie nicht zurücknimmst!* Wie oft habe ich mich betend meiner Sorgen entledigt, aber ich muß zu meiner Schande gestehen, daß ich die Sorgenlast, die ich glaubte abgeworfen zu haben, unbemerkt wieder auf mich genommen hatte. Ist es weise, die Füße wieder in die Fesseln zu stecken, die ihnen schon abgenommen waren? Manches Mal jedoch, wenn ich mich mit einer Schwierigkeit vergeblich abgemüht habe, bin ich damit vor den Thron Gottes gegangen mit dem festen Entschluß, mich nicht mehr zu bekümmern, sondern die Sache ganz in der Hand Gottes zu lassen. So habe ich manche Sorge nie wieder gesehen; sie ist geschmolzen wie der Reif in der Morgensonne und hat mir einen Segen hinterlassen. Andere Nöte sind zwar geblieben, aber sie drücken mich nicht mehr, weil ich mich dem Joch unterworfen habe.

Es ist ja *der Herr,* der uns gebietet, nicht zu sorgen. Es ist sein Gebot, daß wir nicht sorgen sollen; es ist unser Glück, daß wir nicht zu sorgen brauchen. Außerdem sollen wir die irdischen Sorgen auf den Herrn werfen, *damit wir Zeit und Kraft für wichtigere Sorgen haben.* Wenn der Herr dein schweres Sorgenjoch von dir genommen hat, so sollst du sein sanftes Joch auf dich nehmen. Du sollst sorgen, ihn mehr zu lieben und ihm besser zu dienen, sein Wort besser zu verstehen und so zu wandeln, daß du den Heiligen Geist nicht betrübst (Eph. 4, 30). Solch heilige Sorge wirst du immer haben; sie wird in dem Maße wachsen, als du in der Gnade wächst. In einem gewissen Sinn dürfen wir ja auch diese Sorgen auf den Herrn werfen; wir dürfen uns der Hilfe des Heiligen Geistes öffnen, der in uns beides, das Wollen und das Vollbringen, wirkt nach seinem Wohlgefallen (Phil. 2, Vers 13). Aber er wirkt in uns nur, wenn wir uns dies angelegen sein und unser Inneres nicht durch niedrige Ziele und Begehrungen überwuchern lassen.

Es ist ja auch ein so *großes Glück*, daß wir die Sorge auf den Herrn werfen dürfen. Wenn ich einen Prozeß hätte und ein berühmter Rechtsanwalt böte mir aus Freundschaft an, ihn für mich zu führen, wie froh wäre ich da! Ich würde mir gar keine Sorge mehr machen und zu allen, die in der Angelegenheit zu mir kämen, würde ich sagen: „Geht zu meinem Anwalt! Die Sache geht mich nichts an." So mußt du es mit deinem schlauen Feinde, dem Teufel, machen, der sich immer freut, wenn du sorgenvoll, verstimmt und belastet bist. Sprich zu ihm: „Der Herr schelte dich, Satan!" (Sach. 3, 2). Gewiß, der Herr sorgt für die Seinen.

Ein sicherer Ort

Sorge dafür, daß du all deine Lieben in die Hand Gottes legst. Ihm hast du dich selbst übergeben, übergib in seine Hut auch deine Lieben mit Leib und Seele! Du kannst dich selbst ihm anvertrauen, also auch die Deinen. Bedenke, daß sie nicht dein eigen sind, sondern daß Gott sie dir geliehen hat und sie jederzeit zurückfordern kann! Niemals bist du deines Besitzes so sicher, wie wenn du bereit bist, ihn herzugeben; niemals bist du so reich, wie wenn du alles, was du hast, in die Hand des Herrn legst. Du wirst finden, daß der Schmerz des Verlustes sehr gemildert wird, wenn du schon vorher gelernt hast, was dir am teuersten ist, jeden Tag neu in die Hand Gottes zu legen.

Geduld ist besser als Klugheit; ein Lot Geduld ist so viel wert wie ein Pfund Verstand. Jedermann lobt die Geduld, aber die wenigsten Menschen üben sie. Sie ist eine Arznei für alle Krankheiten, aber nicht in jedem Garten wächst das Kräutlein, aus dem man diesen Trank bereiten kann.

Wenn uns alle Glieder weh tun, ist es uns so natürlich, zu klagen, wie einem Pferd, den Kopf zu schütteln, wenn die Fliegen es belästigen. Aber bei Christen soll die Natur nicht die Regel abgeben; wozu wären wir sonst Christen? Mit Recht erwartet man eine andere Frucht von einem Apfelbaum als von einem Dornbusch. Die Jünger des geduldigen Herrn sollen selbst geduldig sein. „Lach und ertrag's!" ist ein alter Rat; aber: „Sing und ertrag's!" ist ein noch viel besserer.

Das Leid ist ein Gast, der ungeladen kommt, aber trübselige Gemüter schicken einen Wagen, um ihn abzuholen. Manche Menschen kommen weinend zur Welt, leben klagend und sterben enttäuscht. Sie kauen die bittere Pille, deren Bitterkeit sie gar nicht bemerkten, wenn sie sie in einem Becher voll Geduld hinunterschluckten. Sie meinen, die Lasten aller anderen Leute seien leichter als die ihre; niemand trete man so oft auf die Hühneraugen wie ihnen. In Wahrheit aber ist es viel mehr ihre Einbildung als ihr Geschick, was ihr Leben so schwer macht. In manchen Beziehungen ist der Arme besser daran als der Reiche. Wenn der Arme Essen für seinen Hunger sucht, wird er leichter finden, was er begehrt, als der

Reiche, der Hunger für sein Essen sucht. Des Armen Tisch ist bald gedeckt, und nach tüchtiger Arbeit bedarf er keiner den Appetit reizenden Leckereien. Überfluß macht wählerisch, aber Hunger ist der beste Koch. Arbeit erhält gesund, und ein Lot Gesundheit ist mehr wert als ein Sack voller Diamanten. Nicht die Menge der Güter, sondern der Segen Gottes auf dem, was wir haben, macht uns wahrhaft reich. „Ein Gericht Kraut mit Liebe ist besser als ein gemästeter Ochse mit Haß" (Sprüche 15, 17).

Wenn die Not kommt, hilft es nichts, trotzige Gedanken gegen die Führung Gottes zu kehren. Das heißt gegen den Stachel löcken und sich selbst verwunden. Die Bäume biegen sich vor dem Wind, das müssen auch wir tun. Sooft das Schaf blökt, verliert es ein Maulvoll Gras, und sooft wir klagen, verlieren wir einen Segen. Murren ist ein schlechtes Geschäft, bei dem nichts herauskommt, aber Geduld hat Gold in der Hand. Unsere Leiden sind bald vorbei. Auf Regen folgt Sonnenschein, auf den Winter der Frühling, auf die Nacht der Tag. Wenn Gott uns eine Tür verschließt, öffnet er eine andere. Wenn der Weizen nicht gerät, gedeiht dafür die Gerste. Auch im tiefsten Meer der Not ist ein trockenes Fleckchen, auf das der Geduldige seinen Fuß setzen kann.

Freuet euch in dem Herrn allewege! Phil. 4, 4

Wenn ein Christ in der Anfechtung einem trübseligen, verzagten Geist Raum gibt; wenn er nicht bei Gott

Gnade sucht, um männlich und fröhlich mit der Trübsal kämpfen zu können; wenn er seinen himmlischen Vater nicht um Kraft und Trost bittet, damit er sich allewege in dem Herrn freuen kann, dann verleugnet er den Herrn und macht dessen gnädige Zusagen zur Lüge. Es ist der Ruhm unseres Glaubens, daß wir sagen können: „Der Feigenbaum grünt nicht, und die Weinstöcke bringen keinen Ertrag; die Arbeit am Ölbaum schlägt fehl, und die Äcker bringen kein Brot. *Aber ich will mich freuen des Herrn* und fröhlich sein in dem Gott meines Heils" (Hab. 3, 17. 18).

Unnötige Leiden

Die unglücklichsten Menschen sind die, die immer sorgenvoll ins Dunkel starren. Ihr, die ihr euch vor dem, was morgen geschehen kann, so sehr fürchtet, daß ihr euch des heutigen Tages nicht freuen könnt; ihr, die ihr so seltsam beschaffen seid, daß ihr jeden Stern für einen Kometen haltet und unter jedem grünen Hügel einen Vulkan wittert; die ihr viel mehr an die Sonnenflecke als an die Sonne denkt und euch über ein dürres Blatt mehr betrübt, als ihr euch über das grüne Laub des ganzen Waldes freut; ihr, die ihr so viel mehr in euren Leiden lebt als in euren Freuden — ja, ihr seid unglückliche Menschen.

Kleine Sorgen

Versäume doch nicht, deine täglichen Sorgen dem Herrn zu bringen! Du denkst vielleicht, sie seien zu klein, um sie dem Höchsten vorzutragen. Aber sind denn unsere großen Sorgen in den Augen Gottes so groß, wie sie uns erscheinen? Und sind nicht unsere kleinen Nöte die Bruchteile einer großen Summe? Sie sind jedenfalls für uns wichtig; Gott läßt sich ohnehin so tief zu uns herab: wir brauchen nicht zu fürchten, daß wir ihn zu tief herabziehen. Du darfst zu ihm kommen wegen eines verlorenen Schlüssels, wegen eines schlimmen Fingers, wegen eines unfreundlichen Wortes, das man zu dir gesagt hat. Einem Vater ist nichts klein, was sein Kind quält; der große Gott, der die Haare deines Hauptes gezählt hat, ohne dessen Willen kein Sperling zur Erde fällt (Matth. 10, 29. 30), wird dich nicht für zudringlich halten, wenn du deine täglichen Nöte vor ihn bringst.

Nicht voraussorgen!

Der Mann dort trägt jeden Tag Mehlsäcke. Er nimmt wohl einen Zentner auf einmal, und was er an einem Tag trägt, beläuft sich auf Tonnen; das macht auf das ganze Jahr eine ungeheure Last. Wenn nun dieser Mann am ersten Januar die Last des ganzen Jahres überschlüge und sagte: „Eine so große Last zu tragen ist mir unmöglich", so würdest du ihn daran erinnern, daß er die

Last ja nicht auf einmal tragen muß, sondern daß er alle Werktage des Jahres dazu verwenden kann.
Wenn du all die Sorgen und Nöte, die kommen können, ansiehst, wirst du rufen: „Wie soll ich damit fertig werden?!" Sie kommen aber nicht alle auf einmal, sondern der Reihe nach, und wenn eine Not kommt, kommt auch die Kraft, die du brauchst. Schritt für Schritt und Tag für Tag wird der Weg durchmessen, und mit Geduld vollbringen wir unsere Aufgabe.

Der Herr macht arm und macht reich; er erniedrigt und erhöht. 1. Sam. 2, 7

Alle Veränderungen in meinem Leben kommen von ihm, dem Unveränderlichen. Würde ich reich, so würde ich darin seine Hand sehen und ihn preisen; nun ich arm geworden bin, will ich auch darin seine Hand sehen und ihn ebenso herzlich preisen. Wenn es auf der Welt mit uns abwärts geht, so geschieht das vom Herrn und wir nehmen es geduldig hin; kommen wir wieder empor, so ist auch das von dem Herrn und wir ergreifen es dankbar.
Oft ist es die Weise Gottes, daß er die erniedrigt, die er erhöhen will. Ist das sein Weg, so ist es der weiseste und beste Weg. Wenn ich jetzt sein Erniedrigen erdulde, so darf ich mich freuen; denn es ist der Anfang zur Erhöhung. Je mehr wir durch die Gnade gedemütigt werden, um so mehr werden wir danach in die Herrlichkeit erhoben.

Herr, du hast mich gedemütigt und mich meine Nichtigkeit und Sünde fühlen lassen. Laß mir diese Erfahrung zum Segen werden! Möchte ich dadurch tüchtig werden, ein größeres Gewicht von Freude und segensreicher Arbeit zu tragen! Und wenn ich tüchtig dafür bin, so gewähre es mir um Jesu willen! Amen.

Er wird den Armen erretten, der da schreit, und den Elenden, der keinen Helfer hat. Psalm 72, 12

Der Arme schreit — was kann er anderes tun? Und was braucht er anderes zu tun, da ja Gott sein Schreien hört? Schrei nicht in die Ohren deiner Freunde! Wenn sie dir überhaupt helfen können, so ist es nur, weil der Herr sie dazu fähig macht. Der gerade Weg ist der nächste und dieser nächste führt dich zu Gott. Vor ihn laß dein Schreien kommen!

„Ach", rufst du, „ich habe keinen Freund noch Helfer!" Um so besser; jetzt verlaß dich darauf, daß Gott dir beides ist! Er sorgt auch für die zeitlichen und leiblichen Bedürfnisse seiner Kinder. Was aber die geistlichen Bedürfnisse, die die allerwichtigsten sind, anbelangt, so wird der Herr dein Rufen hören, dich retten und begnadigen.

Versuch es doch mit deinem reichen Gott! Stütze dich auf seine Hilfe! Er hat mich nie im Stich gelassen, er wird auch dich nicht im Stich lassen. Komm als ein Bettler, und Gott wird dir seine Hilfe nicht versagen!

Komm ohne Ansprüche, nur auf seine Gnade hin! Jesus ist König, er wird dich nicht im Mangel umkommen lassen.

Schlechte Zeiten

Es kommen oft schwere Zeiten, in denen die Geschäfte schlecht gehen und selbst Wohlhabende, auch solche, die eine schöne Summe für Gottes Sache übrig hatten, den Verfall ihres Geschäftes und die Armut vor sich sehen. Es gibt aber schwereres Leid als die Armut. Überlege einmal, wie es wäre, wenn dir die Kinder weggenommen würden! Eine reiche Frau trat in das Häuschen eines armen Mannes ein, und als sie die Stube voll von Kindern sah, sagte sie: „Hier sind viele Münder, aber wo ist das Essen für sie?" Als ob Gott das Bedürfnis geschaffen hätte, es aber nicht befriedigen wollte! Bald darauf weinte die reiche Frau am Totenbett ihres letzten Kindes. Die Frau jenes Armen wurde in das reiche, wohlgefüllte Haus gerufen, um über das Begräbnis zu helfen. Da rief sie angesichts all des Reichtums aus: „Hier ist genug zu essen, aber wo sind die Münder?"
Lieber wollen wir all die lieben Kinder um unseren dürftig bestellten Tisch sehen als leckere Mahlzeiten genießen und unsere Lieben verlieren. Ich habe von einer Mutter gehört, die aus einem schönen, großen in ein ärmliches, kleines Haus ziehen mußte. Abends hatte sie die Kinder zu Bett gebracht, und als sie sie so friedlich schlafen sah, faltete sie die Hände und sprach: „Gott

sei Dank, meine besten Schätze sind mir geblieben!" — Bischof Hall erzählt: „Einmal besuchte mich ein vornehmer Herr in meinem Pfarrhaus und sah meine Kinder, wie sie dem Alter nach in der Reihe dastanden. Da sagte er: ‚Das sind die, die einen reichen Mann arm machen.' — ‚Nein, mein Herr', antwortete ich, ‚das sind die, die einen armen Mann reich machen.'"

Elternherzen wissen, daß das wahr ist. Auch wenn der Kampf um den Unterhalt einer zahlreichen Familie schwer werden kann, so möchten Vater und Mutter doch nicht, daß er ihnen durch den Verlust eines ihrer Kleinen erleichtert würde. Unsere Vermögensverhältnisse können sich bessern; aber wer kann uns die wiedergeben, die draußen unter dem grünen Hügel schlummern?

Ja, Nahrungssorgen sind nicht die schlimmsten, und außerdem, wir leiden ja nach dem Willen des Herrn und dürfen darum nicht murren. Wenn der Glaube an ihn da ist, so hat er auch die Geduld bei sich. Der Herr gibt uns anscheinend wenig, aber er gibt uns in dem Wenigen genug (Luk. 22, 35). Die Sorge treibt zum Gebet und das vertreibt die Sorge. So können wir in irdischer Armut reich an Erfahrung der Hilfe Gottes werden.

Darum ziemt es uns nicht zu murren, wir haben viel mehr Grund zum Danken als zum Murren. Die Leiden, die wir tragen, sind klein im Vergleich mit denen, die wir verdienen. Darum wollen wir nicht klagen, sondern unsere Seelen in Geduld fassen (Luk. 21, 19).

Laß die Sorgen draußen!

Ein alter, frommer Mann, den ich neulich auf seinem Totenbett besuchte, sagte mir, er habe keine Sorgen. „Und", fügte er hinzu, „ich habe mich überhaupt nie mit Sorgen geplagt, denn ich habe es mir zur Regel gemacht, die Sorgen nie mit ins Haus zu nehmen." So sollten wir es immer machen. Wenn wir unsere Schuhe abstreifen, sollten wir die Sorgen mit unter das Schuheisen werfen und sie im getrosten Gebet bei dem Staub lassen, der die Nahrung der Schlange, nicht die unsere ist. Was hilft das Sorgen? Es hat noch nie einem Armen einen Pfennig oder einem Hungrigen ein Stück Brot gebracht. Die Sorge zehrt am Leben; wer sein Leben liebt, muß sie meiden. Nicht die Arbeit verzehrt unsere Kräfte, da die Lebenskraft in uns für die Wiederherstellung der durch die Arbeit verbrauchten Kraft sorgt; aber die Sorge macht, daß wir die Lebenskraft selbst und zwar schnell verlieren. Die Sorge ist Selbstmord. Innere Ruhe und Zufriedenheit verlängern dein Leben. Ein Christ ehrt Gott dadurch, daß er im Glauben getrost ist. Und sein friedevolles Leben ist eine Predigt, die durch ihre stille, aber unwiderstehliche Beredsamkeit in anderen das Verlangen weckt, auch in den Besitz seines Geheimisses zu gelangen.

Was zum Leben nötig ist

Der Mensch lebt nicht vom Brot allein, sondern von einem jeglichen Wort, das durch den Mund Gottes geht. Matth. 4, 4

Ohne das Wort Gottes können wir nicht leben. Durch dieses Wort sind wir geschaffen, durch dieses Wort allein werden wir am Leben erhalten; er erhält alle Dinge durch sein allmächtiges Wort. Das Brot ist nicht die Hauptquelle unseres Lebens; der Herr selbst ist die Quelle unseres Daseins. Seien wir nicht zu gierig nach sichtbaren Dingen, richten wir vielmehr unser Verlangen auf den unsichtbaren Gott! Wie oft hat der Herr, wenn die gewöhnlichen Hilfsmittel versagten, den Seinen auf wunderbare Weise Hilfe geschickt!
Aber das Wort des Herrn *müssen* wir haben. Nur mit ihm können wir dem Teufel widerstehen. Wird uns das genommen, so hat der Feind uns in seiner Gewalt. Unsere Seele bedarf der Nahrung; es gibt für sie keine andere als das Wort Gottes. Alle Bücher und alle Prediger der Welt können unserer Seele keine wirkliche Nahrung geben. Nur das Wort aus dem Mund Gottes kann den Mund des Glaubenden füllen. Herr, gib uns immerdar solches Brot! (Joh. 6, 34). Wir schätzen es höher als alle Leckerbissen einer königlichen Tafel.

Wenn alle Stränge brechen

Eine alte Frau saß in einem Wagen, dessen Pferde durchgingen. Sie kam dadurch in große Gefahr, wurde aber schließlich gerettet. Man fragte sie, wie es ihr zumute gewesen sei, als die Pferde durchgingen. „Ich weiß selbst nicht recht", antwortete sie, „wie mir's war. Zuerst vertraute ich Gott; als aber die Stränge brachen, gab ich alle Hoffnung auf." So machen wir es auch: wir vertrauen auf Gott, solange das Lederzeug zusammenhält, d. h. solange wir unsere regelmäßigen Einnahmen haben.

„Ja", sagte jemand, „es ist leicht auf Gott vertrauen, solange man bares Geld in Händen hat." Ich behaupte gerade das Gegenteil: Wenn wir uns auf etwas Sichtbares stützen können, wo ist da noch Raum für den Glauben *an Gott?* Die Möglichkeit, an Gott zu glauben, ist uns viel eher gegeben, wenn uns die äußeren Hilfsquellen im Stiche lassen. Dann müssen wir uns wohl an Gott klammern; es bleibt uns nichts anderes übrig. Dem, der in Wahrheit an Gott glaubt, ist dies sogar leichter, wenn er weit und breit keine Hilfe sieht, als zu anderen Zeiten, gerade so, wie es leichter ist, im tiefen Wasser zu schwimmen, als an einer seichten Stelle, wo man sich in den Wasserpflanzen verwickelt. Je weniger für das Auge vorhanden ist, um so mehr ist für den Glauben an Gott Raum. Darum ist die Zeit des Mangels keine schlechte Zeit für den Glauben an Gott. Sie ist für uns allerdings eine Stunde der Prüfung, ob unser Herz wirklich an Gott hängt, wenn aber diese Prüfung bestanden ist, ist die Zeit des Mangels die Zeit des Sieges und der inneren Stärkung.

Der Böse flüstert dir wohl zu: „Was fängst du an, wenn keine Zahlungen eingehen?" Aber er wagt so nur zu flüstern. Denn nach meiner jahrelangen Erfahrung der Güte Gottes hat selbst der Teufel nicht die Frechheit, mit seinen Einflüsterungen zudringlich zu werden. „Der Herr sorgt für euch" (1. Petr. 5, 7) ist eine so klare, deutliche Verheißung, daß ich getrost sage: „Gehe hinter mich, Satan!"

Ich stärke dich. Jes. 41, 10

Wenn wir zum Arbeiten oder Leiden berufen werden, überschlagen wir unsere Kraft. Dabei erscheint sie uns oft kleiner, als wir denken, daß sie sein müßte. Aber seien wir nicht mutlos! Wir haben alle das Wort: „Ich stärke dich." Gott hat eine allmächtige Stärke; er *kann* uns seine Stärke mitteilen, und er verheißt, daß er es tun wird. Er will die Nahrung unserer Seele und die Gesundheit unseres Herzens sein. Es ist gar nicht auszusprechen, wieviel Kraft Gott einem Menschen geben kann. Kommt aber die göttliche Kraft, so hört die menschliche Schwäche auf, ein Hindernis zu sein.
Hatten wir nicht alle schon Zeiten der Prüfung und schweren Arbeit, in denen wir besondere Kraft empfingen, so daß wir uns selbst wundern mußten? Wir waren ruhig inmitten von Gefahren, gelassen bei Verlusten, gefaßt unter Verleumdung, still und geduldig in der Krankheit. Gott gibt unerwartete Kraft, wenn er unvermutete Prüfungen schickt; er erhebt uns über unser schwaches Ich. Dann werden Feiglinge zu Männern, Toren empfangen Weisheit und Unberedten wird

geschenkt, was sie reden sollen. Meine eigene Schwäche macht mich furchtsam, aber die Verheißung Gottes macht mich tapfer. Herr, stärke mich nach deinem Wort!

Am Abend

Sage den verzagten Herzen: Seid getrost, fürchtet euch nicht! *Jes. 35, 4*

Wie köstlich ist das Wort Gottes! Es hat eine Arznei für jede Krankheit, einen Balsam für jede Wunde; auch jetzt, am Schluß des Tages, will ich mich mit ihm trösten. Wie gut ist's, daß der Heilige Geist uns dieses Wort gegeben hat, um unsere verzagten Herzen in ihrer Not zu trösten! Große Not drückt manchmal Christen ganz darnieder. Muß das sein? Ist unsere Angst nicht grundlos? Dient unsere Not nicht zu unserem ewigen Wohl? Warum fürchten wir den Ausgang, der doch in der Hand Gottes liegt? Unsere größten Ängste kommen von unserem Unglauben, nicht von unseren Prüfungen her; denn wenn wir wirklich an Gott glaubten, könnten die Prüfungen uns nicht bange machen. Dazu macht uns die Furcht schwach; sie zerreißt den Gürtel unserer Lenden (Eph. 6, 14; Luk. 12, 35) und nimmt uns den Stab, auf den wir uns stützen könnten. Wir bedürfen unserer ganzen Kraft; darum ist es weder weise noch recht, das Lebensblut der Kraft aus den Wunden der Furcht ausfließen zu lassen. Mit unseren Sorgen und Ängsten verunehren wir Gott, als ob er nicht mächtig, weise und gnädig wäre. Hinweg mit allem, was einen Schatten auf Gott wirft!

Ist die Angst nicht etwas sehr Unnötiges? Wem hat sie je genützt? Kann sie eine leere Speisekammer füllen oder einem sterbenden Kind die Gesundheit wiedergeben? Gläubiges Gebet und eifrige Arbeit sind vernünftig, aber die Angst ist wertlos. Könntest du beweisen, daß sie etwas nützt, so könntest du dich ihr meinetwegen hingeben; aber solange du das nicht kannst, sei stark und fürchte dich nicht!

III. IN KRANKHEIT UND TODESNOT

Die Krankheit ist nicht zum Tode, sondern zur Ehre Gottes, daß der Sohn Gottes dadurch geehrt werde. Joh. 11, 4.*

Das war eine tröstliche Antwort für die angsterfüllten Schwestern des Lazarus, die einen Boten zu Jesus gesandt hatten mit dem Hilferuf: „Herr, siehe, den du liebhast, der liegt krank!" Jesus sandte den Trauernden, die er so lieb hatte, die beste Stärkung. Nichts hilft uns so gut, die Not zu ertragen, als die Gewißheit, daß sie zu einem guten Ende führen wird, und diesen Trost

* Im Jahr 1867 war Spurgeon schwer krank und konnte längere Zeit nur auf dem Rücken liegen. In dieser Lage hat er diese Betrachtung geschrieben.

haben alle wahren Christen. Aus den Worten des Herrn lernen wir:

1. *Jeder Krankheit ist Maß und Ziel gesetzt.* Lazarus mußte sogar ins Sterben hinein, aber der Tod war nicht das Letzte. In jeder Krankheit sagt der Herr zu den Wogen des Schmerzes: „Bis hieher und nicht weiter!" (Hiob 38, 11). Seine Absicht ist nicht die Vernichtung, sondern die Förderung seiner Kinder. Der Satan durfte Hiob bis zu einem gewissen Punkt plagen, aber weiter durfte er nicht gehen. Wenn Gott es will, führt uns die Krankheit tief hinab, aber nicht in den Tod; in die Müdigkeit des Leibes, aber nicht in die Schwäche der Seele; ins Stöhnen, aber nicht ins Murren; in die Traurigkeit, aber nicht in die Verzweiflung. Die göttliche Weisheit regelt die Hitze des Schmelzofens. Wir sind in der Hand Gottes, nicht in der Hand Nebukadnezars (Dan. 3). Gott wirft uns nicht aus Zorn und Rache in den Feuerofen; das ist unmöglich, weil er ja selbst mit uns hineingehen will.

Gott hat der Art, der Zeit, der Heftigkeit, der Wiederholung, den Folgen all unserer Krankheiten Maß und Ziel gesetzt. Er hat jede schlaflose Stunde, jeden Rückfall bestimmt; er weiß es im voraus, wenn wir uns bedrückt fühlen; er hat den heiligenden Einfluß der Krankheit vorherbedacht. Selbst kleine Dinge sind in seinen Plan eingefügt; darum dürfen wir auch darüber nicht murren, wäre es doch ein Murren gegen den Herrn. Und ebenso sind unsere großen Leiden von ihm geordnet; darum brauchen wir uns nicht zu fürchten. Nicht Großes noch Kleines entgeht der ordnenden Hand dessen, der die Haare auf dem Haupte gezählt hat.

Die Grenzen der Krankheit sind weise unserer Kraft, dem uns vorbestimmten Ziel und der Gnade, die uns zufließen soll, angepaßt. Die Trübsal kommt nicht zufällig; jeder Schlag der Rute ist bedacht. Der, der keinen Fehler macht, wenn er die Wolken wägt und die Himmel ausmißt, irrt sich auch nicht, wenn er die Heilmittel abwägt, aus denen er die Arznei für die Seele zubereitet. Und er paßt die Last der schwachen Schulter an.

Es ist eine zarte Liebe, die die Grenze steckt. Der himmlische Arzt schneidet nie tiefer, als unumgänglich nötig ist. „Er plagt und betrübt die Menschen nicht von Herzen" (Klagel. 3, 33, 63). Einer Mutter Herz schreit: „Schone meines Kindes!" — Aber keine Mutter ist mitleidiger als unser gnädiger Gott.

2. *Wir können uns damit trösten, daß Jesus unseren Zustand genau kennt.* Er sagte den Schwestern des Lazarus, daß dessen Krankheit nicht zum Tode ist. Er, der allein weise Gott und Heiland, hat dieses Wissen und Vorauswissen, diese Einsicht und Voraussicht, diese vollkommene, umfassende und stete Kenntnis von allem, was die Seinen angeht. Ist es nicht ein Trost, daß er, der unsere Seele liebt, alle unsere Angelegenheiten kennt?

Er ist der Arzt; es genügt, wenn er den Zustand des Kranken kennt. Der Kranke selbst braucht nicht alles zu wissen. Schweig nur, du törichtes, neugieriges, banges Herz! Was du jetzt nicht weißt, wirst du hernach erfahren (Joh. 13, 7), und einstweilen kennt Jesus deine Seele in ihrer Not (Ps. 31, 8). Der Kranke braucht die einzelnen Bestandteile der Arznei nicht zu kennen noch alle Kennzeichen der Krankheit zu verstehen. Das ist die Aufgabe des Arztes; der Kranke aber hat dem Arzt zu vertrauen. Wenn ich auch die merkwürdigen Zeichen seines Rezeptes nicht lesen kann — das beunruhigt mich nicht; ich verlasse mich auf seine unfehlbare Kunst, die mich heilen wird, wenn auch auf geheimnisvolle Weise. Er ist der Herr, und wir haben ihm zu gehorchen, ohne uns über sein Tun ein Urteil anzumaßen. „Der Knecht weiß nicht, was sein Herr tut" (Joh. 15, 15). Der Baumeister kann nicht jedem Handlanger den Bauplan erklären; es genügt, wenn er selbst ihn kennt. Der Topf sagt nicht zum Töpfer: „Was machst du?" (Jes. 45, 9). Ich unwissender Mensch darf meinen Herrn nicht über seine Absichten ausfragen.

3. *Jesus sagt uns: „Die Krankheit ist nicht zum Tode, sondern zur Ehre Gottes, daß der Sohn Gottes dadurch geehrt werde."* Die Krankheit wirkt nicht zerstörend, sondern dient zur Ehre Gottes. Sie tut uns nicht Schaden, sie tötet nicht unsere Freude, wenn sie auch vielleicht alles körperliche Wohlsein raubt; denn die Herzensfreude des Christen fließt aus einer Quelle, die in der Winterkälte der äußeren Verhältnisse nicht erstarrt. Die Krankheit muß auch unseren Frieden nicht zerstören. Unser Herz kann unter den Qualen des Körpers still sein. Über unseren Frieden haben Fleisch und Blut keine Macht. Auch unsere Wirksamkeit braucht durch die Krankheit nicht lahmgelegt zu werden. Gott sei Dank, auch eine schwache Hand kann Samen ausstreuen, und ein Krankenbett kann zur Kanzel werden! Die Erfah-

rungen, die wir auf dem Krankenbett machen, sind ein Schatz, den wir später austeilen können, wie ein Feld, das brach gelegen ist, nachher um so reicher trägt.

Die Krankheit tötet keine einzige echte Frucht des Heiligen Geistes im Christenherzen. Aber sie schüttelt wie ein rauher Wind die faulen Früchte herunter, während die lebendigen Früchte der Gnade nur reifer und wohlschmeckender werden. Wie töricht von uns, körperliches Leiden zu fürchten, da es doch nicht tötet, sondern beide Hände voller Segen hat! Wir fürchten uns ja vor der Gnade und zittern vor dem, was unsere Seele reich macht; wir wehren uns gegen einen Freund, weil wir ihn für einen Feind halten; wir suchen einen Engel zu verjagen, weil wir ihn für einen Teufel halten! Sähen wir doch immer das Wort: „Nicht zum Tode" auf dem Schild unserer Not geschrieben! Dann würden wir sie mit willigerem Sinn aufnehmen.

Ja, die Krankheit dient zur Ehre Gottes. Schon während sie da ist. Gott bekommt manches Loblied von dem gefangenen Vogel, das dieser Vogel im Flug nicht sänge. Vor allen Dingen aber wird Gott gepriesen durch die Frucht eines geheiligten Lebens: durch die Stille, Gelassenheit, Sanftmut und Inbrunst des geprüften Christen. Bei der Frömmigkeit ist es nicht wie bei den Pflanzen, die warmes Wetter brauchen: sie gedeiht am besten bei rauher Witterung. Auf unserer Reise zur Ewigkeit kommen wir bei scharfem Wind am schnellsten vorwärts; Windstille ist wohl angenehm, doch keineswegs förderlich.

Gott wird gepriesen, wenn die Menschen sehen, wie ein

Christ die Not erträgt. Das gereifte Wesen seiner leidenden Christen dient ihm ebenso zur Ehre wie die Taten seiner in der Arbeit stehenden Diener. Die schönste Zierde des wahren Glaubens ist die Geduld der Kranken und der Triumph der Sterbenden. Dürfen wir hoffen, durch unsere Schmerzen den Herrn zu preisen, so wollen wir dem Herrn für sie danken. Warum sollte es nicht so sein? Der Geist Gottes kann das in uns wirken. Um seine Kraft wollen wir immer inbrünstiger bitten.

In schlaflosen Nächten

Manchmal besucht der Herr die Seinen in der Nacht, wenn sie die schlaflosen Stunden zählen. Die Tore des Himmels öffnen sich, wenn die Tore dieser Welt sich schließen. Die Nacht ist still, kein Mensch ist in unserer Nähe; die Arbeit ist getan, die Sorge ist vergessen — dann kommt der Herr zu uns. Vielleicht liegen wir auf einem Schmerzenslager; der Kopf tut weh, das Herz klopft unruhig. Aber wenn Jesus uns besucht, so wird das Bett der Schmerzen ein Thron der Freude. Er schenkt ja den Seinen oft auch den Schlaf, aber manchmal gibt er ihnen etwas Besseres: seine Gegenwart und die Fülle der Freude, die bei ihm ist. Bei Nacht auf meinem Lager habe ich manchmal den Unsichtbaren geschaut; manchmal habe ich mich sogar bemüht, nicht einzuschlafen, so groß war meine Freude in der Gemeinschaft des Herrn.

Bei erzwungener Untätigkeit

Aller Menschen Hand hält er verschlossen, daß die Leute lernen, was er tun kann. Hiob 37, 7

Wenn der Herr einem Menschen die Hand verschließt, kann dieser seine Arbeit nicht mehr vollbringen. Der Herr hat dabei eine Absicht: die Leute sollen lernen, was er tun kann. Wenn sie ihre eigene Arbeit nicht mehr tun können, sollen sie desto mehr auf das Werk Gottes achten.

Die meisten Menschen kommen von Zeit zu Zeit in die Lage, daß sie ihrem Beruf nicht mehr nachgehen können. Früher oder später kommen Tage der Schwäche und Krankheit, die den gewöhnlichen Tageslauf unterbrechen und den Fleißigsten nötigen, still zu liegen. In der Krankenstube hält Gott oft monatelang die fleißige Hand verschlossen, und der vielgeschäftige Mensch bekommt Zeit zum Nachdenken. Während seiner Arbeit nimmt er sich nicht Zeit, an Gott zu denken; vielleicht geht er sogar dem Gedanken an Gott aus dem Wege. Die Krankheit gibt ihm Zeit, sich über die Alltagssorgen zu erheben. Es ist, als spräche der große Vater zu ihm: „Liege hier still, durchwache die Nacht, denke an dein bisheriges Leben und wohin es dich führt! Lausche dem Ticken der Uhr und bedenke die Flucht der Zeit, bis du lernst, deine Tage zu zählen! Dein eigenes Werk mußt du jetzt liegenlassen." Darum denke an das Werk deines Gottes, bis du den Segen erlangst, der aus solchem Nachdenken kommt!

Das ist der Zweck der Krankheit. Darum ist unsere Hand verschlossen, daß sie ihre Arbeit nicht angreifen kann. Das Herz soll sich für Gott und die Ewigkeit öffnen. Vielleicht verschließt Gott deine Hand auch in der Absicht, dir Zeit zu verschaffen, dein eigenes Werk kennenzulernen. Du sollst merken, wie unvollkommen es ist, damit du es richtig beurteilen lernst und dich seiner nicht rühmst. Du sollst einsehen, wie beschränkt der Kreis unseres menschlichen Leistens ist, wie ärmlich und schwach alle menschlichen Anstrengungen ohne die mächtige Hilfe Gottes sind. Es ist ein großer Segen, wenn du dein eigenes Tun richtig einschätzest und demütig wirst, aber es ist noch ein viel größerer Segen, wenn du das Werk des Herrn erkennen und dich ganz auf ihn verlassen lernst.

Warum bin ich auf die Seite gelegt?

Geheimnisvoll ist die Heimsuchung der Krankheit. Wenn der Herr einen Menschen zu seiner Ehre gebraucht, ist es dann nicht merkwürdig, daß er ihn oft plötzlich zu Boden schlägt und ihm alles Wirken unmöglich macht? Der Herr hat gewiß seine guten Gründe, aber sie liegen nicht an der Oberfläche. Der Gottlose, der seine Umgebung befleckt und verderbt, lebt oft jahrelang in Gesundheit und Kraft; ungestört treibt er sein Zerstörungswerk. Warum aber wird ein Mensch, dessen ganzes Streben ist, zur Ehre Gottes und zum Wohl der anderen zu wirken, durch einen kränklichen

Körper gehemmt? Wir dürfen wohl so fragen, wenn wir es ohne Murren tun; aber wer wird uns antworten?
Es ist gut, daß wir, um glücklich zu sein, nicht nötig haben, die Führung Gottes zu begreifen. Wir können ihm glauben, auch wenn wir keine Erklärung wissen, und wir wollen lieber tausend Geheimnisse ungelöst lassen, als einen Zweifel an der Güte und Weisheit unseres himmlischen Vaters hegen. Die Krankheit, die uns, vielleicht gerade wenn wir in der Schlachtreihe am nötigsten scheinen, kampfunfähig macht, ist ein Bote von dem Gott der Liebe — das wissen wir, auch wenn wir es nicht verstehen.
Es ist oft recht gut für uns, daß wir Gottes Führung nicht verstehen; *denn so können wir uns um so mehr im Glauben üben.* Wäre es gut für uns, wenn alles so geordnet wäre, daß wir jede Fügung durchschauen könnten? Wäre denn der Liebesplan Gottes überhaupt so erhaben, so weise, so unendlich, wenn wir ihn mit unserem kurzen Endchen Vernunft ausmessen könnten? Blieben wir dabei nicht so hochmütig und dumm wie verzogene, verhätschelte Kinder, wenn alles so geordnet würde, wie es uns passend erschiene? Es ist ganz gut, wenn wir manchmal den Grund unter unseren Füßen verlieren und in dem köstlichen Wasser der allmächtigen Liebe schwimmen müssen. Es ist eine gute Sache, wenn wir unserem Ich ganz entsagen, unsere Wünsche und unser Urteil dem Willen Gottes opfern und uns willenlos in die Hand Gottes legen lernen.

Es ist so nötig, daß wir demütig bleiben, und doch sind wir immer bei der Hand, uns für sehr wichtig zu halten.

Hat der Herr uns einmal in seinem Dienst gebraucht, sogleich bilden wir uns ein, wir seien unentbehrlich und sein Werk könne nicht ohne uns fortgehen. Viel bessere Menschen als wir sind ins Grab gelegt worden, und wir toben und jammern, wenn wir eine Weile ab=seits in die Stille genommen werden; aber wir müssen lernen, daß Gott unser nicht bedarf. Darum wollen wir auch die unverständliche Führung geduldig hinnehmen; denn es ist so wichtig, daß unser eigenes Ich drunten ge=halten und der Herr allein gepriesen wird.

Vielleicht hat der gütige Herr uns auch doppelte Ehre zugedacht, wenn er uns doppelte Prüfungen auferlegt. Es ist eine hohe Ehre, viel arbeiten, aber auch eine hohe Ehre, geduldig leiden zu dürfen. Manche Christen haben wohl viel gewirkt, aber auf dem anderen Kampfplatz, dem des ergebenen Duldens, sind sie noch nicht geübt. In der Arbeit sind sie Veteranen, aber in der Geduld sind sie noch kaum Rekruten; darum haben sie das christliche Mannesalter erst halb erreicht. Kann es nicht die Absicht des Herrn sein, seinen Diener in beiden Arten der Nachfolge vollkommen zu machen? Jeder Mensch könnte es dahin bringen, daß seine beiden Hände gleich geübt wären, aber es geschieht in der Re=gel nicht. Der Glaube ist die rechte Hand unseres Gei=stes, die Geduld die linke. Wollen wir die Gnade des Herrn zurückweisen, wenn er die linke kräftigen will?

Manchmal ist es für unser geistliches Leben sehr wohl=tätig, wenn die Fügungen wechseln. Fußgänger sagen, sie werden in der Ebene am schnellsten müde, aber wenn sie Berge ersteigen und in Täler hinabgehen, werden immer wieder neue Muskeln herangezogen, und der Wechsel der Anstrengung vermindere die Ermüdung. Und die gen Himmel pilgern, werden bezeugen können, daß es so ist. Christliche Tätigkeit ist ein Segen für eine Seite unseres Lebens, aber andere Seiten unseres inneren Menschen werden davon weniger berührt. Es ist gut für uns, wenn wir das Joch des Dienstes tragen; aber wir verlieren auch nichts, wenn uns das Joch des Leidens auferlegt wird.

Wir müssen leiden, *damit wir andere Leidende trösten können* (2. Kor. 1, 4). Wie könnten wir aus der Erfahrung Trost spenden, wenn wir keine Erfahrungen gemacht hätten? Auch Christus ist nur durchs Leiden ganz für seinen Beruf gerüstet worden (Hebr. 5, 8. 9). So wird es auch denen gehen, die gleich ihm zerbrochene Herzen verbinden wollen.

Leider gibt es auch recht demütigende Ursachen für unser körperliches Leiden. *Der Herr sieht an uns Dinge, die ihn betrüben, darum braucht er die Rute.* Solche Demütigungen führen in die Selbstprüfung hinein. Sollten wir auch keine bestimmten Begehungssünden finden, die uns das Leiden zugezogen haben, so gibt es doch genug Unterlassungssünden, über denen wir erröten müssen. Wir hätten viel vorsichtiger in unserem Wandel, viel eifriger in unserem Gebet sein sollen.

Doch ist es nicht gut, jede Krankheit auf eine besondere Sünde zurückzuführen. Wir dürfen das besonders auch bei anderen nicht tun, nicht meinen, daß der, der am meisten leidet, der größte Sünder sei. Wenn es aber ungerecht wäre, unsere Mitmenschen so zu beurteilen, so dürfen wir die falsche Regel auch nicht auf uns selbst anwenden. Unter den Qualen des Körpers leidet oft auch unser Geist so, daß wir unfähig sind, unseren Zustand richtig zu beurteilen. Darum ist es besser, das Urteil über uns selbst Gott anheim zu stellen. „Ob er mich schon tötet, will ich doch auf ihn hoffen" – das sei unser demütiger Entschluß. Möge der Heilige Geist in uns eine völlige Übereinstimmung mit dem Willen Gottes wirken, welcher Art auch dieser Wille sei!

Für wieviel haben wir zu danken!

Würde man einen Undankbaren auffordern, alle Wohltaten Gottes aufzuzählen, so wüßte er höchstens zwei oder drei zu nennen. Um diese Liste aufzuschreiben, brauchten die wenigsten einen dicken Stoß Papier. Das kommt aber nur von unserer Vergeßlichkeit und von unserem oberflächlichen Urteil her und wird wohl nicht besser werden, ehe alle unsere Geisteskräfte entwickelt und geheiligt sind, wie es im Lande der Vollkommenen geschehen wird. Wenn wir aber nur ein wenig aufwachen, so ist es merkwürdig, wie viele Wohltaten wir finden. Ein gedemütigtes Herz reinigt das Auge, daß es hundert Dinge sieht, die es zuvor nicht bemerkt hatte.
Eben erst habe ich die Krankenstube verlassen und zeichne die noch frischen Eindrücke auf. Es ist eine große Wohltat, wenn man im Bett die Lage verändern kann. Lächelst du über diese Behauptung? Mir ist es voller Ernst damit. Hast du einmal versucht, dich umzudrehen,

und hast dabei gefunden, daß du ganz hilflos warst? Haben andere dich gehoben und hat dir ihre Hilfe nur die traurige Tatsache geoffenbart, daß sie dich wieder in die alte Lage bringen mußten, die, wenn auch schlecht genug, doch besser war als jede andere? Lächle nicht wieder, sondern höre mir weiter zu! Es ist eine große Wohltat, wenn man in der Nacht eine Stunde schlafen kann. Du gehst vielleicht zu Bett und denkst, ehe sieben oder acht Stunden herum sind, werdest du die Augen nicht wieder aufmachen; aber mancher weiß, was es heißt, Nacht für Nacht vergeblich auf den Schlaf warten. Wie köstlich ist eine Stunde Schlaf, wenn sie uns zwischen lange, schmerzvolle Tage und Nächte hinein zuteil wird! Es ist wie ein Streifchen blauen Himmels zwischen schwarzen Gewitterwolken. Ich habe Gott für solche kurzen Ruhestunden mehr gedankt als für ganze Wochen des Wohlbefindens.

Welch eine Wohltat war es mir oft, wenn ich die qualvollen Schmerzen nur in einem Knie, nicht in beiden zugleich hatte; wenn ich den Fuß, wenn auch nur für einen Augenblick, wieder aufstellen konnte! Wie sehr empfand ich es vollends als Wohltat, als ich wieder selbst vom Bett in meinen Lehnstuhl und vom Lehnstuhl zurück ins Bett gehen konnte!

Aber ist es nicht eigentlich kindisch, die Wohltaten Gottes so aufs Geratewohl hin aufzuzählen? Nach welchem Grundsatz verfahren wir dabei? Wir nennen die Dinge Wohltaten, die uns angenehm sind und gefallen. Sie sind es freilich, aber nicht weniger sind es die Dinge, die uns gegen den Sinn gehen, Not bereiten und zu Boden werfen. Die Liebe, die uns züchtigt, erkennen wir nicht so leicht als eine Wohltat; und doch ist oft ebensoviel göttliche Liebe im Schmerz wie im Glück, im Schlag wie in der Tröstung. Wenn wir alle Wohltaten Gottes aufzählen wollen, so müssen wir auch Schmerzen und Krankheit mitrechnen. Es muß ja beides uns zum Heil dienen; darum lasse ich mir die Trübsal nicht schelten. Sie ist bitter, das gebe ich zu; aber sie ist auch sehr süß. Wir sind ganz umgeben von Gnaden und Wohltaten Gottes. Wie eine Wiese voll bunter Blumen ist, und wir gehen darüber hin, ohne daß wir versuchen, sie zu zählen, so ist es mit unserem Leben in Christus. Es ist Gnade, lauter große Gnade und Wohltat. Unser Leben ist ein Wald voll von Dorngestrüpp. Aber lausche einen Augenblick: ist er nicht auch voll von lieblich singenden Vögeln, gleich denen des Paradieses? Gott ist gut gegen uns in allen Beziehungen, sehr gut. In der Wüste ist ein gerader Weg für die Seinen gemacht, alle Tale sind erhöht und alle Berge und Hügel erniedrigt worden. „Wie köstlich sind vor mir, Gott, deine Gedanken! Wie ist ihrer eine so große Summe! Sollte ich sie zählen, so würde ihrer mehr sein denn des Sandes" (Psalm 139, Vers 17. 18).

Bereitschaft

Ein Freund, den ich kurz vor seinem Tod besuchte, sagte zu mir: „Denke dir einen Reisenden auf dem Bahnhof; er hat die Karte genommen und all sein Gepäck ist da, gut zusammengeschnallt und mit der Adresse versehen. Er sitzt da mit der Karte in der Hand und wartet, bis der Zug geht. Gerade so ist es mit mir. Ich bin bereit zu gehen, sobald es meinem himmlischen Vater gefällt, mich zu holen." Sollten wir nicht immer so leben — bereit für das Kommen des Herrn?

Traue, ohne zu fühlen!

Ich besuchte einmal einen Christen, der dem Tod entgegen ging. Ich sagte zu ihm: „Lieber Freund, wenn du durch die Krankheit immer schwächer wirst, wird vielleicht auch dein Geist matt und du fürchtest dann, dein Glaube verlasse dich. Laß dich durch ein solches Gefühl nicht niederdrücken!" Er antwortete: „Diese Gefahr fürchte ich nicht; denn wenn ich die herrlichsten Gefühle hatte, habe ich mich doch nie darauf verlassen. Du hast mich gelehrt, daß eine Seele sich nur auf die ewigen Wahrheiten verlassen kann, und diese kommen aus dem Munde Gottes und nicht aus den wechselnden Gefühlen des Herzens."

Ja, so ist's. Verlaß dich nicht auf deine Gefühle, dann werden sie dich auch nicht zu Boden drücken! Halte dich glaubend an den Herrn! Traue ganz auf die Verheißungen Gottes, und wenn Geist und Herz matt werden, so bleibt doch Gott die Kraft deines Lebens und dein Teil für Zeit und Ewigkeit.

Ich weiß, daß mein Erlöser lebt. Hiob 19, 25

Wie köstlich ist es, mit einer Verheißung im Herzen und auf den Lippen zu sterben! Vielleicht ist es eine arme, kleine Hütte, in der der Sterbende liegt. Wenn er aber von Herzen sagen kann: „Ich weiß, daß mein Erlöser lebt, und meine Augen werden ihn schauen", so freut er sich der Hoffnung der Auferstehung und stirbt eines herrlichen Todes. Sein Sterbebett ist ein Thron, sein armes Stübchen ein königliches Gemach und das bisher so arme Gotteskind ein Edelmann, der im Begriffe steht, das Erbe anzutreten, das ihm von Anbeginn der Welt bereitet ist (Matth. 25, 34).

Gottes Zeit ist die beste Zeit

Ein Christ stirbt nie zu spät. Die Greisin dort ist achtzig Jahre alt; sie sitzt in einem elenden Stübchen und friert bei ihrem kleinen Feuer. „Wozu lebt die noch?" — sagen die Leute; „sie hat schon zu lange gelebt. Vor ein paar Jahren konnte sie sich noch nützlich machen, aber jetzt kann sie ja kaum mehr selbst essen oder sich bewegen. Wozu lebt sie noch?"
Tadle nicht das Werk des Herrn! Er ist ein zu guter Ackersmann, als daß er den Weizen auf dem Felde ließe, bis er auswächst. Sieh dir das alte Frauchen an und du wirst sehen, daß du unrecht hast. Höre sie reden! Sie kann dir Dinge sagen, die du noch nie gehört hast. Und wenn sie auch gar nichts sagt, so kannst du aus ihrem

stillen Frieden, ihrer klagelosen Heiterkeit und Gelassenheit lernen, wie du dein Leiden tragen sollst. Jawohl, du kannst noch etwas von ihr lernen. Bald wird die greise Dulderin heimgehen. Bis dahin predigt sie auch dem Gedankenlosen noch die Hinfälligkeit des Lebens.

Welcher unseren nichtigen Leib verklären wird, daß er ähnlich werde seinem verklärten Leibe. Phil. 3, 21

Oft, wenn ich vom Schmerz zerrissen bin, so daß ich nicht einmal mehr denken und beten kann, fühle ich, daß wir wirklich den „Leib der Erniedrigung" (wie es nach der genaueren Übersetzung heißt) tragen, und wenn mich die Leidenschaften des Fleisches versuchen, so könnte ich noch ein stärkeres Wort gebrauchen. Unser Leib demütigt uns, und das ist eigentlich das Beste, was er tun kann. Ja, wir sollen recht demütig sein; denn unser Leib verbindet uns mit dem Tier, ja sogar mit dem Staube.
Aber Jesus, unser Herr, wird das alles verwandeln. Wir werden seinem verklärten Leibe ähnlich werden, wir alle, die wir an ihn glauben. Der Glaube an ihn verklärt die Seele schon jetzt; ihr Leib wird auch so erneuert werden, daß er eine würdige Wohnung des Geistes Jesu ist. Wir wissen nicht, wie bald diese Verklärung stattfindet, aber der Blick auf sie sollte uns helfen, die Prüfungen des Augenblicks und alle leiblichen Leiden zu ertragen. Über ein Kleines werden wir ihm gleich sein. Keine schmerzende Stirn, keine geschwollenen Glieder, keine trüben

Augen, keine matten Herzen mehr! Kein Altern und kein Kranken mehr! „Ähnlich seinem verklärten Leibe“ — welch ein Wort! Wie dürften wir uns in der Hoffnung einer solchen Auferstehung freuen!

Der beste Augenblick im Leben eines Christen

Und die den Sieg behalten hatten, standen an dem gläsernen Meer und hatten Harfen Gottes und sangen das Lied Moses, des Knechtes Gottes, und das Lied des Lammes. Offb. 15, 2. 3

Die Alten erzählten vom Schwan, daß er während seines ganzen Lebens stumm sei; nur vor seinem Tode singe er zum ersten und zum letzten Male. Fürchtest du dich vor dem Sterben? Fürchte dich nicht! Eher könntest du dich vor dem Leben fürchten. Das Leben birgt viele Gefahren, aber was kann der Tod einem Christen schaden? Fürchtest du dich vor dem Grab? Es ist ja nur das Beet, in dem der Leib für den Himmel zubereitet wird. Das Sterben währt nur einen Augenblick, es bringt einem Kinde Gottes Befreiung, Erlösung, Seligkeit. Fürchtest du die Schmerzen des Todes? Es sind in Wahrheit nur die letzten Zuckungen des um seinen Fortbestand ringenden Lebens. Der Tod hat keine Schmerzen. Ein leiser Seufzer — und die Fesseln sind gesprengt, der Geist ist frei. Der beste Augenblick im Leben eines Christen ist der, in dem er es verläßt; denn in diesem Augenblick ist ihm der Himmel am nächsten.

Gott wird abwischen alle Tränen von ihren Augen. Offb. 7, 17; 21, 4

Wenn wir an Christus glauben, wird uns diese Tröstung zuteil. Alles Leid wird aufhören und die Tränen werden abgewischt werden. „Es wird ein neuer Himmel und eine neue Erde sein" (Offb. 21, 1), darum wird kein Grund mehr zur Klage über unseren Fall und das darauf folgende Elend sein. „Die Hochzeit des Lammes mit der Braut", seiner Gemeinde (Offb. 21, 2), ist eine Zeit unendlicher Freude, in der die Tränen keine Stätte mehr haben. „Und Gott wird bei ihnen wohnen, und sie werden sein Volk sein, und er selbst, Gott mit ihnen, wird ihr Gott sein" (Offb. 21, 3).

Wie wird uns sein, wenn kein Leid noch Geschrei noch Schmerz mehr ist! Es wird viel herrlicher sein, als wir jetzt ahnen können. „Den Abend lang währt das Weinen, aber des Morgens ist Freude" (Psalm 30, 6). Komm, o Herr, und verweile nicht! Denn deine Kinder müssen noch weinen.

Siehe, ich mache alles neu. Offb. 21, 5

Alle Dinge sind durch die Sünde verderbt und abgenützt; darum bedürfen sie der Erneuerung. Es ist Zeit, daß die Schöpfung ihr altes Werktagskleid ablege und das Sonntagskleid anziehe. Nur der Herr kann alles neu machen. Er hat sein Werk schon begonnen; er hat angefangen, die Herzen der Menschen und ihre Gesellschaftsordnung zu erneuern. Er wird in seiner Macht und Gnade auch die menschliche Natur erneuern. Es kommt eine Zeit, wo er auch den Leib erneuern und seinem verklärten Leibe ähnlich machen wird.

Wie herrlich, einem Reich anzugehören, das durch die Kraft seines Königs erneuert wird! Wir gehen nicht im Tode unter, sondern eilen einem herrlicheren Leben entgegen. Mögen die Mächte des Argen Jesus widerstehen — dieser Herr wird sein Werk vollenden: Er wird uns und alle Dinge neu und herrlicher machen, als die erste Schöpfung war.

IV. BEIM TOD UNSERER LIEBEN

Gottes Fürsorge

Der Herr bereitet in seiner zarten Liebe die Seinen oft auf ein Leid vor, das er ihnen verordnet hat. Wenn unsere Kinder turnen, legen wir Matratzen um den Springbock und die Kletterstangen, damit ein etwaiger Sturz nicht gefährlich werde. So macht es manchmal der Herr, wie in einem Fall, der mir kürzlich erzählt wurde. Ein frommer Vater hatte ein neunjähriges Töchterlein, ein hochbegabtes, liebes Kind. Eines Morgens sagte das

Kind: „Lieber Vater, was bedeutet der Spruch: ‚Haben wir Gutes empfangen von Gott und sollten das Böse nicht auch annehmen? Gott kann uns doch nichts Böses geben.'" Der Vater erklärte dem Kind das Wort kurz und sagte, er wolle es ihm abends noch ausführlicher erklären. Aber am selben Tag fiel die Kleine zum Fenster hinaus, und als der Vater heimkam, war sein Kind tot. — Wie merkwürdig war es aber, daß das Mägdlein am Morgen gerade jene Frage gestellt hatte, und wie tröstlich war der Spruch für den trauernden Vater! Der Herr sandte ihm den besten Trost durch den geliebtesten Boten. Später fand man in der Bibel des Kindes zwei Blättchen. Auf dem einen stand: „Ich bin zu Jesus gekommen und er hat mich gerettet", auf dem anderen: „Mein lieber Vater hat mich zum Heiland geführt." Das Herz des Vaters war fast gebrochen, aber er hatte reichen Trost; der Tod hatte seine Bitterkeit verloren.

Das ist kein vereinzelter Fall. Besondere Gnadenheimsuchungen kommen oft vor oder während schwerer Zeiten. Gott läßt uns gleichsam die bittere Arznei in Honig nehmen. Seine Liebe umgibt uns; wir bemerken nicht den tausendsten Teil der Liebe, von der wir umgeben sind. Der Herr bewahrt uns entweder vor dem feurigen Ofen, oder er führt uns so hindurch, daß man nicht einmal einen Brandgeruch an unseren Kleidern merkt. Wir brauchen uns nie zu fürchten; kommt das Leid, so kommt es so, daß wir es ertragen können (1. Kor. 10, Vers 13). In dem Maß, als die Not wächst, wird auch der Trost immer reichlicher durch Jesus Christus (2. Kor. 1, Vers 5).

Die Seligkeit im Himmel

Sie sind vor dem Stuhl Gottes und dienen ihm Tag und Nacht in seinem Tempel; und der auf dem Stuhl sitzt, wird über ihnen wohnen. *Offb. 7, 15*

„Wir sehen jetzt durch einen Spiegel in einem dunkeln Wort, dann aber von Angesicht zu Angesicht" (1. Kor. 13, 12). Dort wird uns ganz offenbar werden, was kein Auge gesehen und kein Ohr gehört hat (1. Kor. 2, 9). Dort werden uns Rätsel gelöst, Geheimnisse klar gemacht, dunkle Worte ausgelegt; dort werden wir erkennen, wie weise manche jetzt unverständliche Führung war. Die Kleinsten im Himmel wissen mehr von Gott als die größten Frommen auf der Erde. Unsere größten Gottesgelehrten verstehen weniger von der wahren Theologie als das kleinste Lämmlein dort oben. Ja, Sterben ist Gewinn (Phil. 1, 21). Warum weinen wir, wenn Gottes Kinder in die Seligkeit eingehen? Sie sind nicht tot, sie sind nur vorangegangen. Laßt das Trauern, stillt eure Tränen! Was? Ihr weint um die, deren Haupt jetzt die himmlische Krone trägt, deren Hände in die goldenen Harfen greifen, deren Augen den Erlöser sehen? Ihr weint um die, deren Herzen von der Sünde gewaschen sind und jetzt in seliger Freude schlagen, um die, die an der Brust des Heilandes liegen? Nein, weint um euch, die ihr noch hier unten weilt! Weint, daß ihr noch nicht abgerufen seid! Was weint ihr um die Armen, die in reichen Kleidern gehen; um die Kranken, die auf ewig genesen sind; um die Geschmähten, die herrlich geworden sind? Weinet nicht, freuet euch! „Ihr habt nun Traurigkeit, aber ich will euch wiedersehen und euer Herz soll sich freuen und eure Freude soll niemand von euch nehmen" (Joh. 16, 22).

Gegen übermäßige Trauer

Meine Seele will sich nicht trösten lassen. Psalm 77, 3

Wir dürfen in der Weigerung, sich trösten zu lassen, dem Psalmisten nicht folgen, sondern haben seine Erfahrung eher als eine Warnung anzusehen. Es gibt Leute, die die Trauer um ihre Verstorbenen zu ihrem Lebensinhalt machen noch lange Jahre über deren Tod hinaus. Wie die Heiden treiben sie einen Kultus mit den Verstorbenen. Der Verwaiste hat ein Recht zu trauern, aber es ist ein Mißbrauch dieses Rechtes, wenn wir dadurch für unsere täglichen Pflichten untüchtig werden. In solch hartnäckiger Trauer liegt eine Auflehnung gegen den Höchsten. Finsterer Gram und anhaltendes Klagen deuten auf Abgötterei im Herzen. Wenn ein Christ sich nicht trösten lassen will, so straft er sein Bekenntnis Lügen. Schande über uns, wenn wir uns mit unserem Glauben nicht als Männer erweisen! Wir wissen, daß der Herr, der uns die Unsern geliehen hat, ein Recht hat, sein Eigentum wieder zu sich zu nehmen, und wenn wir ihn für sein Geben gepriesen haben, wollen wir ihn auch preisen, wenn er seine Gabe uns genommen hat.

Freue dich, schön's Blümelein!

Wen die Götter lieben, den lassen sie jung sterben, sagten die Alten, und ohne Zweifel ist es ein großes Glück, früh in die Seligkeit eingehen zu dürfen, nur einen Augenblick der Erde gezeigt und dann in den Himmel hinweggenommen zu werden. Du liebes Kind, wie teuer warst du dem lieben Gott, daß er dich hergesandt und dann schnell wieder heimgenommen hat! Schöne Rosenknospe! Noch in deiner jungen Schöne will der Herr dich an seinem Busen tragen. Wie sollten wir über deine Versetzung in sein Reich trauern?

Entschlafen durch Jesus

Wir wollen euch aber, liebe Brüder, nicht im Ungewissen lassen über die, die da schlafen, daß ihr nicht traurig seid wie die andern, die keine Hoffnung haben. Denn wenn wir glauben, daß Jesus gestorben und auferstanden ist, so wird Gott auch, die da entschlafen sind, durch Jesus mit ihm führen. 1. Thess. 4, 13. 14

Wir dürfen trauern um die selig Entschlafenen, aber mit Maß und Ziel. Wir wissen, daß ihre Seelen geborgen sind, und daß ihre Leiber aus dem Grab erstehen werden. Warum sollten wir dann weinen und klagen wie die, die keine Hoffnung haben? Der Tod zerreißt das Band zwischen Jesus und den Seinen nicht. Wir sind ewig mit ihm verbunden, und so gewiß Jesus auferstanden ist, so gewiß werden die Glieder seines Leibes auch auferstehen. Die, die den Tag des Herrn erleben, kommen in keiner Weise den im Herrn Entschlafenen zuvor. In Jesus zu schlafen bringt nicht in eine untere Klasse Diese werden in allen Dingen denen gleich sein, die leben, wenn der Herr kommt. Darum brauchen wir den Tod nicht zu fürchten, sollen auch nicht den anmaßenden Wunsch hegen, das neue Kommen des Herrn zu erleben. Ein besonderer Gewinn wäre das nicht für uns. Es ist genug, daß wir wissen, daß der Herr kommen wird.

Einer Mutter beim Tod ihres Kindes

Denn er verletzt und verbindet, er zerschlägt und seine Hand heilt.
Hiob 5, 18

Kinder Gottes werden oft gezüchtigt und die Hand des Herrn legt sich schwer auf sie; aber in der Züchtigung verbirgt er seine väterliche Güte und in der Trübsal seine unendliche Liebe. Ein Hirte hatte ein Schaf, das er auf eine bessere Weide führen wollte; er rief ihm, aber es kam nicht, er führte es, aber es wollte nicht folgen; er trieb es, aber es lief nur, wohin es selbst wollte. Da nahm der Hirt das Lämmchen, das neben seiner Mutter herlief, auf die Arme und trug es fort, und alsbald folgte ihm auch die Mutter. So ist es auch mit dir. Gott rief dir und du kamst nicht. Jesus sprach: „Komm!" — aber du wolltest nicht. Er sandte Nöte, aber du kamst immer noch nicht. Endlich nahm er dir dein Kind, und nun folgst du dem Herrn. So geschieht alles, was der Hirte tut, aus Liebe. Er nimmt das Lamm, um dessen Mutter an sich zu locken. So hat der Heiland dein Kind zu sich genommen, um dich nachzuziehen. O seliges Leid, seliges Vermissen, selige Trauer, wenn aus dem Tod deines Kindes dir geistliches Leben erwächst! Mißverstehe die Sprache der göttlichen Erziehung nicht! Wenn du sie richtig verstehst, lautet sie: „Welche ich liebhabe, die strafe und züchtige ich" (Offb. 3, 19). Komm, wir wollen umkehren zum Herrn; denn er verletzt und verbindet, er zerschlägt und seine Hand heilt.

Ach wie flüchtig, ach wie nichtig
ist der Menschen Freude!

Siehst du, wie das Meteor plötzlich die Nacht erhellt, und im nächsten Augenblick ist es verschwunden? So schnell entschwindet das irdische Glück. Darum halte die irdischen Schätze nicht zu fest! Erkenne sie als dir von deinem himmlischen Vater geliehene Güter, dem du sie bald wieder zurückgeben mußt. Wir empfänden den Verlust unserer Angehörigen nicht so bitter, wenn wir immer bedächten, daß auch sie uns nur geliehen sind. Ein vernünftiger Mensch jammert doch nicht, wenn er zurückzugeben hat, was ihm geliehen war; er hat es nie als sein eigen betrachtet; wenn die Zeit gekommen ist, gibt er es dem Eigentümer zurück, dankbar dafür, daß er es so lange haben durfte. Du darfst wohl weinen, wenn deine Lieben abgerufen werden; aber wenn du anfangen willst, zu murren, so denke, daß nur die Gnade Gottes sie dir gegeben und so lange gelassen hat, und tue Buße über deinen empörerischen Sinn, der murrt, weil Gott sich wieder nahm, was ihm gehörte!

Eine gute Arznei

Eine junge Witwe saß weinend in der Stube, während ihr kleiner Junge neben ihr spielte. Er merkte, warum die Mutter weinte, trat zu ihr, schlang seine Ärmchen um ihren Hals und sagte: „Mutter, du hast ja mich." Und das Herz der Mutter wurde getröstet, denn sie dachte: „Ja, ich habe einen hohen Beruf, dich so zu erziehen, daß du den Gott deines Vaters kennenlernst und den Weg zum Himmel findest, wohin er vorangegangen ist." Es ist nichts gesünder für die Kranken, nichts ermutigender für die Verzagten, nichts stärkender für die Schwachen, als daß sie sich aufraffen und etwas für ihren Herrn tun.

Wo sind unsere heimgegangenen Lieben?

Vater, ich will, daß, wo ich bin, auch die bei mir seien, die du mir gegeben hast, daß sie meine Herrlichkeit sehen. Joh. 17, 24

Wo Jesus ist, sind auch die Seinen. Wer nach höheren Stufen der Seligkeit streben will, der mag es tun, aber die niedrigste Stufe, die wir in der Schrift finden, heißt: „Daß sie seien, wo ich bin, daß sie meine Herrlichkeit sehen." Diese tiefste Stufe ist so hoch, als unsere kühnste Einbildungskraft uns nur tragen kann. Und dennoch klagst du? Solltest du nicht eigentlich deine Tränen schelten, wenn du hörst, daß deine Lieben solcher Seligkeit teilhaftig sind? Du Mutter, möchtest du für dein Kind eine höhere Stelle, als daß es ist, wo Jesus ist?

Du Gatte, bei deiner Liebe für deine Gattin mißgönne ihr ihre Seligkeit nicht! Du Frau, bei deiner innigen, hingebenden Liebe zu dem, der von dir genommen ist, möchtest du ihn auch nur einen Augenblick von der Seligkeit zurückhalten, die er jetzt bei seinem Herrn genießt? Wenn er in ein unbekanntes Land gegangen wäre, wenn du am Ufer des Lebens stündest und nur ein dunkles, unheimliches Meer brausen hörtest, dürftest du sagen: „Mein Geliebter ist gegangen, ich weiß nicht wohin." Aber ihr wißt, wo und *bei wem* eure Lieben sind, und wenn ihr selbst wisset, wie köstlich die Gemeinschaft mit dem Herrn hier auf Erden ist, könnt ihr ahnen, wie selig sie droben sein müssen.

314 **Tal der Liebe** v. E. Hong
315 **Kinder brauchen mehr als Liebe** v. J. Wilt
317 **Schreiben befreit** v. W. Jentsch
318* **Trödeleien** v. A. Richardson
320 **Bete und staune** v. K. Marshall
321 **Der geheilte Patient** v. P. Hebel
322 **Die zweite Frau** v. B. Schmidt-Eller
324 **Pioniere des Wortes** v. R. Steiner
325 **Pilatus** v. P. L. Maier
327 **Atomkraft – ja oder nein?** v. Heil/Mosner/Sautter
331 **Gott tröstet** v. H. Risch
332 **Freiheit** v. M. L. King
333 **Die Rettung der Verlorenen** v. T. Goritschewa
334 **Mit Muslimen leben** v. Troeger/Staub/Sookhdeo
335 **Damals im Sommer** v. C. Massey
336 **Luther als Seelsorger** v. T. Brandt
337 **Irina** v. H. Hartfeld
338 **Sterben – Der Höhepunkt des Lebens** v. Maier-Gerber
339 **Faulheit ist heilbar** v. R. Ruthe
340 **Wer nicht glaubt, glaubt auch** v. K. Vollmer
341 **Vom Kirchenvater Abraham u.a. Ungereimtheiten** v. S. Ben-Chorin
342 **Die Endzeit** v. O. Hallesby
343 **Jugenderinnerungen eines alten Mannes** v. W. v. Kügelgen
344 **Jesus ist Sieger** v. C. ten Boom
345 **... höher als alle Vernunft** v. B. Affeld
346 **Ein Sprung im Glas** v. I. W. Weiberg
347 **Kennen Sie ihn?** v. I. Hofmann
348 **Ich mag dich** v. Bärend/Böhm
349 **Vom gottseligen Leben** v. J. Arndt
350 **Kleines Haus mit offenen Türen** v. C. ten Boom
351 **Michelle** v. C. E. Phillips
352 **Der Kirchenstreicher** v. H.-D. Stolze
353 **... um den innerlichen Frieden zu haben** v. Fénelon/Claudius
354 **Eifersucht ist eine Leidenschaft ...** v. R. Ruthe
355 **Weil ich dich liebe** v. E. Bender
356 **Im Windschatten Gottes** v. O. Schnetter
357 **Die Ordnung des Tages** v. H. J. Baden
358 **In Freiheit leben** v. H. Bräumer
359 **Hauskreis offensiv** v. O. Schweitzer
360 **Gesunde Kinder** v. B. Juhre
361 **Unsere Kraft wächst aus der Stille** v. O. Hallesby
362 **Gott weiß den Weg** v. C. Marshall
363 **Eigentlich nichts besonderes** v. Deitenbeck/Rumler
364 **Ich mag mich** v. H. Bärend/H.-H. Böhm
365 **Der Chef hieß Mexiko** v. F. Pawelzik
366 **Einer geht mit** v. Gefährdetenhilfe Scheideweg

* »Erntebücher« – Besonders klares Schriftbild
** »Brockhaus Extra« – »Viel Buch für wenig Geld«